DIREITO AMBIENTAL NO ESTADO DEMOCRÁTICO DE DIREITO

EDNA CARDOZO DIAS

Toshio Mukai
Prefácio

DIREITO AMBIENTAL NO ESTADO DEMOCRÁTICO DE DIREITO

Belo Horizonte

2013

© 2013 Editora Fórum Ltda.

É proibida a reprodução total ou parcial desta obra, por qualquer meio eletrônico, inclusive por processos xerográficos, sem autorização expressa do Editor.

Conselho Editorial

Adilson Abreu Dallari
Alécia Paolucci Nogueira Bicalho
Alexandre Coutinho Pagliarini
André Ramos Tavares
Carlos Ayres Britto
Carlos Mário da Silva Velloso
Cármen Lúcia Antunes Rocha
Cesar Augusto Guimarães Pereira
Clovis Beznos
Cristiana Fortini
Dinorá Adelaide Musetti Grotti
Diogo de Figueiredo Moreira Neto
Egon Bockmann Moreira
Emerson Gabardo
Fabrício Motta
Fernando Rossi

Flávio Henrique Unes Pereira
Floriano de Azevedo Marques Neto
Gustavo Justino de Oliveira
Inês Virgínia Prado Soares
Jorge Ulisses Jacoby Fernandes
Juarez Freitas
Luciano Ferraz
Lúcio Delfino
Marcia Carla Pereira Ribeiro
Márcio Cammarosano
Maria Sylvia Zanella Di Pietro
Ney José de Freitas
Oswaldo Othon de Pontes Saraiva Filho
Paulo Modesto
Romeu Felipe Bacellar Filho
Sérgio Guerra

Luís Cláudio Rodrigues Ferreira
Presidente e Editor

Supervisão editorial: Marcelo Belico
Revisão: Mônica Miranda Ramos
Bibliotecária: Tatiana Augusta Duarte – CRB 2842 – 6ª Região
Capa e projeto gráfico: Walter Santos
Diagramação: Karine Rocha

Av. Afonso Pena, 2770 – 15º/16º andares – Funcionários – CEP 30130-007
Belo Horizonte – Minas Gerais – Tel.: (31) 2121.4900 / 2121.4949
www.editoraforum.com.br – editoraforum@editoraforum.com.br

D541d Dias, Edna Cardozo
        Direito ambiental no Estado Democrático de Direito / Edna Cardozo Dias; prefácio Toshio Mukai. – Belo Horizonte : Fórum, 2013.

        205 p.
        ISBN 978-85-7700-608-3

        1. Direito ambiental. 2. Direito público. I. Mukai, Toshio. II. Título.

        CDD: 344.046
        CDU: 349.6

Informação bibliográfica deste livro, conforme a NBR 6023:2002 da Associação Brasileira de Normas Técnicas (ABNT):

DIAS, Edna Cardozo. *Direito ambiental no Estado Democrático de Direito*. Belo Horizonte: Fórum, 2013. 205 p. ISBN 978-85-7700-608-3.

SUMÁRIO

LISTA DE SIGLAS E ABREVIATURAS 11

PREFÁCIO
Toshio Mukai 19

CAPÍTULO 1
INTRODUÇÃO 21

CAPÍTULO 2
O ESTADO DEMOCRÁTICO DE DIREITO AMBIENTAL 25

CAPÍTULO 3
PRINCÍPIOS DO DIREITO AMBIENTAL 31
3.1 Princípio da obrigatoriedade da intervenção estatal 32
3.2 Princípio da prevenção e da precaução 34
3.3 Princípio do desenvolvimento sustentável e os direitos
   das gerações futuras 34
3.4 Princípio da educação ambiental e da informação 36
3.5 Princípio da participação 37
3.6 Princípio da soberania dos Estados para estabelecer
   sua política ambiental 38
3.7 Princípio do poluidor-pagador e da internacionalização
   dos custos ambientais 38
3.8 Princípio da responsabilidade da pessoa física e jurídica 39
3.9 Princípio da adoção de uma política correta para a produção
   e consumo, e de uma política demográfica adequada 40

CAPÍTULO 4
O CAPÍTULO DO MEIO AMBIENTE NA CONSTITUIÇÃO
FEDERAL DE 1988 41
4.1 Floresta Amazônica 52
4.2 Pantanal Mato-Grossense 54

4.3	Mata Atlântica	54
4.4	Zona Costeira	55

CAPÍTULO 5
POLÍTICA NACIONAL DO MEIO AMBIENTE ... 59

5.1	Da Política Nacional do Meio Ambiente	59
5.2	Objetivos	60
5.3	Instrumentos	61
5.4	Padrões ambientais	62
5.5	Estudo de impacto ambiental - EIA/RIMA	63
5.6	Zoneamento ambiental	65
5.7	Licença ambiental	65
5.7.1	Tipos de licença ambiental	67
5.7.2	Sanções administrativas	68
5.8	Licenças urbanísticas	68
5.8.1	Licença de parcelamento e loteamento	69

CAPÍTULO 6
RESPONSABILIDADE CIVIL POR DANOS AMBIENTAIS ... 71

6.1	Conceito	71
6.2	Fundamentos jurídicos	71
6.3	Teorias da responsabilidade objetiva por dano ambiental	73
6.3.1	Responsabilidade por dano nuclear	74
6.4	Natureza *propter rem*	75
6.5	A responsabilidade objetiva do Estado por dano ecológico	75
6.5.1	Responsabilidade solidária da Administração Pública por danos ao meio ambiente	76
6.6	Ação Civil Pública	76
6.7	Responsabilidade objetiva e o Direito Ambiental internacional	77

CAPÍTULO 7
LEI DE CRIMES AMBIENTAIS ... 79

7.1	Antecedentes da Lei de Crimes Ambientais	79
7.2	Crimes ambientais	81
7.3	Ação penal	81
7.4	Infração administrativa	82
7.4.1	Processo administrativo	83

CAPÍTULO 8
TUTELA JURÍDICA DOS ANIMAIS ... 85

8.1	Os animais como titulares de direitos supranacionais	85
8.2	Os direitos dos animais na Constituição da República Federativa do Brasil de 1988	86

8.3	A fundamentabilidade dos direitos dos animais........................ 87
8.4	A fauna na legislação infraconstitucional.............................. 88
8.4.1	Criadouros conservacionistas da fauna exótica....................... 89
8.4.2	Criadouros conservacionistas da fauna nativa........................ 91
8.4.3	Criadouros científicos.. 92
8.4.4	Criadouros de fauna exótica para fins econômicos e industriais... 92
8.5	Classificação da fauna.. 94
8.6	Crimes contra a fauna... 95
8.7	Experimentos com animais na legislação brasileira................. 96
8.8	Os animais como sujeitos de direitos................................... 97

CAPÍTULO 9
A FLORA E AS ÁREAS ESPECIALMENTE PROTEGIDAS.............. 99

9.1	Introdução... 99
9.2	Histórico da proteção das florestas no Brasil......................... 99
9.3	Histórico da Reserva Legal.. 102
9.4	Análise das mudanças no diploma...................................... 105
9.5	Repercussões do novo Código Florestal e da MP nº 571............ 120

CAPÍTULO 10
SISTEMA NACIONAL DE UNIDADES DE CONSERVAÇÃO....... 127

10.1	Histórico... 127
10.2	Sistema Nacional de Unidades de Conservação (SNUC)............ 128
10.3	Roteiro básico para a criação de unidades de conservação........ 129
10.3.1	Etapas do processo de criação... 130
10.3.2	Documentos necessários à criação de uma unidade de conservação.. 131
10.4	Unidade de Conservação de uso direto ou de uso indireto........ 131
10.5	Plano de manejo... 133
10.5.1	Planejamento de Parque Nacional, Reserva Biológica e Estação Ecológica.. 134
10.5.2	Análise da região da unidade de conservação....................... 135
10.5.3	Análise da unidade de conservação..................................... 136
10.5.4	Zoneamento... 137
10.5.5	Estimativa de custos e cronograma financeiro...................... 137
10.6	Presença humana nas unidades de conservação..................... 137
10.7	Dominialidade das unidades de conservação......................... 138
10.8	Proteção penal.. 138
10.9	Área protegida por particulares.. 139
10.10	Reforma agrária, áreas protegidas e licenciamento ambiental........ 140

CAPÍTULO 11
GESTÃO DAS FLORESTAS PÚBLICAS 143
11.1 Introdução 143
11.2 Concessão florestal e Plano de Manejo Florestal Sustentável 144
11.3 Plano Anual de Outorga Florestal 145
11.4 Licença ambiental 145
11.5 Florestas Nacionais 146
11.6 Reserva extrativista e reserva de desenvolvimento sustentável 146
11.7 Audiências públicas 147
11.8 Licitação e contrato 147
11.9 Fundo Nacional de Desenvolvimento Florestal 149
11.10 Serviço Florestal Brasileiro 150
11.11 Auditorias florestais 150
11.12 Lei de crimes ambientais 151

CAPÍTULO 12
POLÍTICA NACIONAL DE RESÍDUOS SÓLIDOS 153
12.1 Introdução 153
12.2 Da Política Nacional de Resíduos Sólidos 155
12.3 Princípios da Política Nacional de Resíduos Sólidos 157
12.4 Instrumentos da Política Nacional de Resíduos Sólidos 158
12.5 Planejamento e competência 159
12.6 Sistemas de logística reversa 160
12.7 Proibições 161
12.8 Normas complementares 162

CAPÍTULO 13
POLÍTICA NACIONAL DE RECURSOS HÍDRICOS 165
13.1 Introdução 165
13.2 A água na Constituição da República Federativa do Brasil
     de 1988 e na legislação brasileira 166
13.3 Gerenciamento de recursos hídricos 167
13.4 Responsabilidade pela má utilização da água 170
13.5 Águas marinhas 171
13.6 Águas subterrâneas 172

CAPÍTULO 14
CERTIFICAÇÃO AMBIENTAL 173
14.1 Introdução 173
14.2 ISO 14.000 175
14.3 Gestão ambiental 177
14.3.1 Sistema de Gestão Ambiental 177
14.3.2 Auditoria ambiental 177

14.4 Rótulos ecológicos.. 178
14.5 Certificação florestal 179
14.5.1 Certificação florestal no Brasil.. 181

CAPÍTULO 15
PATRIMÔNIO CULTURAL.. 185
15.1 Patrimônio cultural brasileiro 185
15.2 Tombamento 185
15.3 Programa Nacional do Patrimônio Imaterial........................ 187
15.4 Monumentos arqueológicos e pré-históricos......................... 187
15.5 Cavidades naturais subterrâneas.. 188
15.6 Áreas especiais e locais de interesse turístico....................... 188
15.7 Política Nacional de Turismo 189
15.8 Turismo sustentável... 191
15.9 Proteção internacional dos bens culturais.............................. 193

REFERÊNCIAS.. 197

LISTA DE SIGLAS E ABREVIATURAS

ABNT – Associação Brasileira de Normas Técnicas

AM – Estado do Amazonas

ANA – Agência Nacional de Águas

APA – Área de Proteção Ambiental

APP – Área(s) de Preservação Permanente

ARIE – Área de Relevante Interesse Ecológico

Art(s). – artigo(s)

BA – Estado da Bahia

BS 7750 – Norma emitida pelo Instituto Britânico de Normatização (BSI) que especifica os requisitos para o desenvolvimento, implantação e manutenção de sistemas de gestão ambiental que visem garantir o cumprimento de políticas e objetivos ambientais definidos e declarados. Em vigor no mundo até 1997

BS EN ISO 14.001 – *ver* ISO 14.001

BVQI – *Bureau Veritas Quality International*, empresa privada que realiza certificações em normas como a ISO 9.001 e ISO 14.001

CBC – Comitê Brasileiro de Certificação

CC – Código Civil Brasileiro

CC/02 – Código Civil Brasileiro de 2002

CCA – Comissão Técnica de Certificação Ambiental

CDB – Convenção da Diversidade Biológica

CDC – Código de Proteção e Defesa do Consumidor

CEN – Comissão Europeia de Normalização

C&T – Ciência e tecnologia

CEUA – Comissão(ões) de Ética no Uso de Animais

CITES –	Convenção Internacional sobre Comércio das Espécies da Flora e Fauna Selvagens em Perigo de Extinção, promulgada pelo Decreto nº 76.623/75
CMMAD –	Comissão Mundial sobre o Meio Ambiente e o Desenvolvimento, da Organização das Nações Unidas (ONU)
CNBS –	Conselho Nacional de Biossegurança
CNUMAD/92 –	II Conferência das Nações Unidas sobre Meio Ambiente e Desenvolvimento Humano, realizada em 1992 no Rio de Janeiro, conhecida como Rio 92, que teve como principal tema a discussão sobre o desenvolvimento sustentável e como reverter o atual processo de degradação ambiental
CODEVASF –	Companhia de Desenvolvimento do Vale do São Francisco
CONAMA –	Conselho Nacional do Meio Ambiente
CONCEA –	Conselho Nacional de Controle de Experimentação Animal
CONMETRO –	Conselho Nacional de Metrologia, Normalização e Qualidade Industrial
COPANT –	Comissão Panamericana de Normas Técnicas
CPDS –	Comissão Interministerial de Políticas de Desenvolvimento Sustentável e da Agenda 21
CRFB/88 –	Constituição da República Federativa do Brasil de 1988
CTNBio –	Conselho Técnico Nacional de Biossegurança
DF –	Distrito Federal
EIA –	Estudo(s) de Impacto Ambiental
EMAS –	*Eco Management and Auditing Scheme* ou Regime Comunitário de Eco-Gestão e Auditoria é uma ferramenta de gestão para empresas e outras organizações para avaliar, informar e melhorar seu desempenho ambiental
EMBRATUR –	Empresa Brasileira de Turismo
EMS –	*Environmental Management System*, que corresponde ao Sistema de Gestão Ambiental (SGA)
ES –	Estado do Espírito Santo
ESEC –	Estação Ecológica
EUA –	Estados Unidos da América

LISTA DE SIGLAS E ABREVIATURAS | 13

FLONA – Floresta Nacional

FNDF – Fundo Nacional de Desenvolvimento Florestal

FSC – *Forest Stewardship Council*, organização internacional sem fins lucrativos para apoiar o manejo ambientalmente apropriado, socialmente benéfico e economicamente viável das florestas do mundo. A entidade credencia organizações independentes para efetuar auditoria de acordo com seus princípios e padrões

FSC Brasil – Conselho Brasileiro de Manejo Florestal

FUNASA – Fundação Nacional de Saúde

GANA – Grupo de Apoio à Normalização Ambiental

GO – Estado de Goiás

Ha – hectare, que corresponde a 10.000 m²

IAF – International Accreditation Forum

IATCA – International Auditor and Training Certification Association

IBAMA – Instituto Brasileiro do Meio Ambiente e dos Recursos Naturais Renováveis

IBDF – Instituto Brasileiro de Desenvolvimento Florestal

IBGE – Instituto Brasileiro de Geografia e Estatística

IEC – International Eletrotechnical Comission

Imaflora – Instituto de Manejo e Certificação Florestal e Agrícola. Entidade responsável por promover a certificação florestal no Brasil de acordo com as normas da FSC

Inc. – inciso(s)

INCRA – Instituto Nacional de Colonização e Reforma Agrária

INMETRO – Instituto Nacional de Metrologia, Normalização e Qualidade Industrial

INPE – Instituto Nacional de Pesquisa Amazônica

IPHAN – Instituto do Patrimônio Histórico e Artístico Nacional

ISO – *International Organization for Standardization*, ou Organização Internacional de Padrões. Organização não governamental fundada em 1947 em Genebra, na Suíça, com função de normatizar produtos e serviços para garantir a melhoria contínua de sua qualidade. Presente em cerca de 162 países

ISO 9.000 – grupo de normas técnicas que estabelecem um modelo de gestão da qualidade para organizações em geral

ISO 14.000 – série de normas editadas pela ISO que padronizam a implementação voluntária de Sistemas de Gestão Ambiental nos diversos ramos da atividade humana

ISO 14.001 – publicada pela primeira vez em 1996, especifica os requisitos reais que a organização tem controle para implementar um sistema de gestão ambiental

ISO/TC 207 – Comitê Técnico TC 207, comitê criado pela ISO em 1993 para desenvolver normas relativas à série 14.000

Km – quilômetros

kW – quilowats

ITR – Imposto sobre Propriedade Territorial Rural

LIO – Licença de Instalação e Operação

LP – Licença Prévia

MA – Estado do Maranhão

MERCOSUL – Conhecido como Mercado Comum do Sul, união aduaneira, de livre comércio e política comercial comum, dos seguintes países da América do Sul: Argentina, Brasil, Paraguai e Uruguai. Já assinou tratados de livre comércio com Israel, em 2007, e Egito, em 2010

MG – Estado de Minas Gerais

MMA – Ministério do Meio Ambiente

MONA – Monumento Natural

MS – Estado do Mato Grosso do Sul

MT – Estado de Mato Grosso

NBR – norma brasileira. Sigla da norma técnica da Associação Brasileira de Normas Técnicas

NEPA – *National Environmental Protection Act*

OCA – Organismos de Certificação de Sistema de Gestão Ambiental

OGM – Organismo(s) Geneticamente modificado(s)

ONU – Organização das Nações Unidas

ORTN – Obrigações Reajustáveis do Tesouro Nacional

PAOF – Plano Anual de Outorga Florestal

LISTA DE SIGLAS E ABREVIATURAS | 15

PARNA – Parque Nacional

PE – Estado de Pernambuco

PGA – Programa(s) de Gestão Ambiental

PI – Estado do Piauí

PLP – Projeto de lei complementar

PMFS – Plano de Manejo Florestal Sustentável

PNB – Política Nacional de Biossegurança

PNGC – Plano Nacional de Gerenciamento Costeiro

PNRS – Política Nacional de Resíduos Sólidos

PNMA – Política Nacional do Meio Ambiente

PNUMA – Programa das Nações Unidas para o Meio Ambiente

POP – poluente(s) orgânico(s) persistente(s)

PR – Estado do Paraná

PRONAR – Programa de Controle da Qualidade do Ar

PRONCOVE – Programa de Controle da Poluição do Ar por Veículos Automotores

RDS – Reserva de Desenvolvimento Sustentável

REBIO – Reserva Biológica

REPAN – Refúgio Particular de Animais Nativos

RESEX – Reserva Extrativista

RIMA – Relatório de Impacto Ambiental

RJA – Reconhecimento Jurídico Ambiental

RN – Estado do Rio Grande do Norte

RPPN – Reserva(s) Particulare(s) do Patrimônio Natural

RS – Estado do Rio Grande do Sul

RVS – Refúgio de Vida Silvestre

SBC – Sistema Brasileiro de Certificação

SBF/MMA – Secretaria de Biodiversidade e Florestas do Ministério do Meio Ambiente

SC – subcomitês

SE – Estado de Sergipe

SEMA – Secretaria do Meio Ambiente

SFB – Serviço Florestal Brasileiro

SGA –	Sistemas de Gestão Ambiental
SINIMA –	Sistema Nacional de Informação sobre Meio Ambiente
SINIR –	Sistema Nacional de Informações sobre a Gestão dos Resíduos Sólidos
SINISA –	Sistema Nacional de Informações em Saneamento Básico
SINMETRO –	Sistema Nacional de Metrologia, Normalização e Qualidade Industrial
SISNAMA –	Sistema Nacional de Meio Ambiente
SISBIO –	Sistema de Autorização e Informação em Biodiversidade
SNUC –	Sistema Nacional de Unidades de Conservação
SUASA –	Sistema Único de Atenção à Sanidade Agropecuária. Regulamentado em 2006, é um sistema de inspeção de produtos processados de origem agrícola, unificado e coordenado pela União, com participação dos estados e municípios através de adesão
SP –	Estado de São Paulo
TAC –	Termo de Ajustamento de Conduta
TAD –	Termo de Apreensão e Depósito dos Animais
TC-207 –	*ver* ISO/TC 207
UC –	Unidade(s) de conservação
UCF –	Unidade(s) de conservação federal(is)
UNEP –	United Nations Environment Programme, programa da ONU que visa prover liderança e encorajar parcerias no cuidado do meio ambiente, inspirando, informando e permitindo que as nações e povos para melhorar a sua qualidade de vida sem comprometer as gerações futuras.
UNESCO –	*United Nations Educational, Scientific and Cultural Organization*, Organização das Nações Unidas para a educação, a ciência e a cultura.
WG –	*workgroup ou grupo de trabalho da International Organization for Standardization* (ISO)
WWF –	*World Wildlife Fund* ou Fundo Mundial da Natureza

WWF-Brasil – Fundo Mundial da Natureza no Brasil, organização ecológica que visa contribuir para que a sociedade brasileira conserve a natureza, harmonizando a atividade humana com a conservação da biodiversidade e com o uso racional dos recursos naturais, para o benefício dos cidadãos de hoje e das futuras gerações. Em 1994, coordenou o grupo de trabalho tricameral que promoveu os princípios gerais da FSC no Brasil

ZA – Zona de amortecimento

ZC – Zona Costeira

ZEE – Zoneamento ecológico-econômico

PREFÁCIO

A Dra. Edna Cardozo Dias, excepcional cultora do Direito Urbanístico e Ambiental, o que tem revelado pelos seus inúmeros artigos elaborados com grande matiz de responsabilidade e conhecimento jurídico, nos traz agora a público, sua obra pertinente, oportuna e brilhante, intitulada *Direito ambiental no Estado Democrático de Direito*. A doutora convidou-me para prefaciar sua obra, e é com grande satisfação e honra que o faço, em se tratando de tão capaz e reconhecida autora. O tema escolhido não poderia ter sido tão feliz e oportuno, pois não temos visto escritos, sejam artigos ou livros, abordando a questão da participação popular quando da elaboração, execução e debates sobre as questões e normas ambientais.

Ora, se a Constituição Federal dispõe no seu artigo 225, *caput*, que impõe-se ao Poder Público *e à coletividade* o dever de defendê-lo (o meio ambiente) e preservá-lo para as presentes e futuras gerações, à evidência, a condução das questões ambientais haverá de ter a participação, o controle e a fiscalização, além da presença obrigatória na elaboração das leis, regulamentos etc., sobre questões ambientais.

A obra da Dra. Edna Cardozo Dias, além de tudo, esmiúça as formas e os direitos da manifestação democrática na condução das questões ambientais, com apoio na Constituição (artigo 1º, democracia direta) e, em especial, no Estatuto da Cidade, que obriga o Poder Público a efetuar audiências públicas quando do licenciamento de grandes obras e empreendimentos.

Ademais disso, várias questões jurídicas são levantadas e avaliadas pela autora, nos convencendo de que a questão democrática da proteção ambiental deve ser cada vez mais levada em consideração, tanto na elaboração das suas normas como na sua aplicação, onde sem dúvida, o direito à informação avulta como célula-mater da manifestação democrática no desenvolvimento das atividades relativas à proteção e preservação ambientais.

Parabéns à Dra. Edna Cardozo Dias, por mais uma excelente contribuição ao Direito Ambiental Brasileiro, merecedora que é dos maiores encômios como consagrada cultora do Direito Ambiental e Urbanístico.

São Paulo, 28 de fevereiro de 2012.

Toshio Mukai

Mestre e Doutor em Direito do Estado (USP). Especialista em Direito Administrativo, Urbanístico e Ambiental.

CAPÍTULO 1

INTRODUÇÃO

Desde o início dos tempos, a vida de nossos ancestrais esteve ligada à luta pelo reconhecimento de seus direitos e pela liberdade. O Direito busca essencialmente a realização da justiça e da paz no mundo. À medida que o ser humano evolui e aumenta seus conhecimentos, surgem novas declarações de direitos. A declaração de direitos iniciou-se com a *Magna Carta*, em 1.215; evoluiu com a *Declaração dos Direitos do Homem e do Cidadão*, decretada pela Assembleia Francesa em 1789; tempos depois com a *Declaração Universal dos Direitos do Homem*, aprovada pela Assembleia Geral das Nações Unidas, em 1948; prosseguiu com a *Declaração de Estocolmo sobre o Meio Ambiente*, em 1972; a *Declaração de Haia sobre a Atmosfera*, em 1989; e a *Declaração do Rio*, em 1992.

Um Estado pós-moderno requer, além de mudanças políticas, um aumento da consciência dos cidadãos para que uma democracia participativa possa atender às suas metas sociais, visando não só as gerações atuais como as futuras. Esse aumento de consciência, base para uma modernização do Estado, não poderá vir de revoluções passageiras, como a Revolução Russa, de 1917, ou as revoluções alemã e austro-húngara, de 1918. Nós assistimos às revoluções da fome, mas urge que aconteça a revolução da liberdade e da paz.

Essas transformações no Estado pós-moderno devem abarcar o mundo das relações sociais, da cultura, da política, da economia, da geopolítica, demandando, sobretudo, uma transformação de valores: a passagem de uma ciência sem ética para uma ciência eticamente responsável; a substituição de uma tecnocracia que domina as pessoas para uma tecnologia que sirva à humanidade e a toda a família planetária; a transformação de uma indústria que destrói o meio ambiente para uma indústria que promova o bem-estar das pessoas e uma vida harmoniosa do ser humano com o ambiente. A garantia dos direitos individuais depende do destino de todos e do meio social e ambiental.

Em 1972, a *Declaração de Estocolmo*, emanada da Assembleia Geral da ONU, alertou a humanidade para os perigos de esgotamento dos recursos naturais. Só podemos cogitar de um regime de governo que leve em conta os direitos das outras espécies ao tomar suas decisões e ao elaborar suas leis, ou seja, um Estado Ecológico. O novo Estado terá que ser produto das relações sociobiológicas e ser capaz de implementar mudanças concretas na estrutura social vigente para atingir um desenvolvimento sustentável.

O conceito de desenvolvimento sustentável proposto pelo relatório *Nosso Futuro Comum*, e oficialmente aceito pela Assembleia das Nações Unidas e pela II *Conferência* das Nações Unidas sobre Meio Ambiente e Desenvolvimento Humano, conhecida como Rio 92, nasceu da confluência das correntes de pensamento desenvolvimentista, ambientalista e humano. O relatório conceitua o desenvolvimento sustentável como aquele que atende às necessidades do presente sem comprometer a possibilidade de as gerações futuras atenderem a suas próprias necessidades.

Na II Conferência das Nações Unidas sobre o Meio Ambiente e Desenvolvimento Humano (CNUMAD, conhecida como Rio 92), os Estados assumiram o compromisso de realizar, na prática, o desenvolvimento sustentável.

Os desastres ecológicos mostraram que a estrutura jurídica até então adotada começava a dar sinais de obsolescência e inoperância. Foi assim que surgiu um novo ramo do Direito, o Direito Ambiental. O Estado de Direito deve evoluir no sentido de se criar um Estado de Direito Ecológico, fundado sobre o direito coletivo de todas as espécies e sobre uma solidariedade em escala nacional e mundial.

A democracia dos novos tempos deve ser a democracia ambiental, dando nascimento, assim, a uma nova forma de cidadania, compatível com o novo modelo de Estado que se impõe. Entretanto a democracia não é constituída apenas por um estado de direito, mas também de deveres. O cumprimento do dever de cada um é exigência do direito de todos. A todo direito subjetivo corresponde um dever jurídico.

Portanto, não podemos falar de direitos sem falar de deveres. Nem falar de direitos humanos sem falar do direito de habitar um país ecologicamente equilibrado, ou sem falar do direito das gerações futuras e do direito das outras espécies. O Estado Ecológico deve garantir a todo cidadão uma vida digna, a sobrevivência das espécies e um planeta habitável. E todo cidadão tem a responsabilidade de colaborar com o Estado para a segurança social, jurídica e ambiental.

CAPÍTULO 2

O ESTADO DEMOCRÁTICO
DE DIREITO AMBIENTAL

A democracia é um método de administrar, mas não é o conteúdo. Este se constitui das declarações de direitos. Quanto mais o ser humano evolui e aumenta seus conhecimentos, surgem novas declarações de direitos. A passagem dos direitos às Constituições dos países é uma das maiores conquistas da democracia.

Um modelo de Estado Democrático de Direito Ambiental deve ter como meta a sustentabilidade evolucionária futura da Terra e a mudança dos paradigmas jurídicos que pressuponham a ética da sobrevivência.

Arthur J. Almeida Diniz comenta que "uma das tarefas urgentes do Direito é a de restaurar a saúde ética da humanidade" (*Novos paradigmas em direito internacional público*, p. 79), e que essa busca de princípios éticos deve se realizar "não por idealismo abstrato, mas por simples expediente de sobrevivência não mais de um povo, mas da humanidade" (p. 80). "Sem profundo e duradouro compromisso com uma ética planetária, envolvendo todos os povos, todas as raças, todas as religiões, culturas, políticas, línguas, civilizações, governos, baldados serão nossos esforços para a viabilidade da paz" (p. 189).

O conceito de desenvolvimento sustentável, para Diniz, implica uma sonhada descentralização; isto é, a dependência econômica deverá ser atenuada para que "cada um dos integrantes do que pode ser descrito como *economia do mundo* possa seguir seu próprio perfil, sua tradição cultural, o que fundamenta a economia pelo eixo do conceito de valor" (p. 79). Desenvolvimento sustentável, porque integrado e fruto da vocação de cada economia naquilo que ela possui de específico, de verdadeiramente *regional* (p. 164-165). Ainda segundo ele, isso demandaria a construção de um novo paradigma — o da justiça nas relações econômicas —, com a consequente eliminação do paradigma do lucro (p. 163), e um pacto mundial para uma nova humanidade que rejeite o paradigma das diferenças (p. 187) e construa uma sociedade onde o Estado possua funções meramente instrumentais a serviço da pessoa humana.

O relatório *Nosso Futuro Comum,* já citado na introdução deste livro, conceitua o desenvolvimento sustentável como aquele que atende às necessidades do presente sem comprometer a possibilidade de as gerações futuras atenderem a suas próprias necessidades. A concepção de desenvolvimento sustentável terá, pois, de estar baseada em sólidos princípios éticos — uma ética da Terra.

Hans Küng, em seu livro *Projeto de ética mundial: uma moral ecumênica em vista da sobrevivência humana,* prega a responsabilidade planetária, como uma forma da sobrevivência. Segundo ele, temos que abandonar a ética de sucessos e de mentalidade, como única forma de sobrevivência da espécie e do planeta. Isto é: "responsabilidade da sociedade mundial por causa de seu próprio futuro! Responsabilidade para com o meio ambiente, tanto hoje quanto no futuro" (KÜNG, 1993, p. 52).

Para ele, essa ética exige do ser humano uma responsabilidade para com o meio ambiente; assim, o indivíduo deve ser mais humano para construir uma sociedade mais humana e conservar um meio ambiente íntegro. Por isso, a ética na pós-modernidade terá de perseguir um propósito público de primeira grandeza. Küng completa seu pensamento afirmando que não haverá ordem mundial sem uma ética mundial.

Na Rio 92, maior conferência internacional de todos os tempos (mais de 100 chefes de Estado ou de Governo, cerca de 8.000 delegados, 3.000 representantes de organizações não-governamentais e 9.000 repórteres), as nações aceitaram o desafio de realizar, na prática, o desenvolvimento sustentável, sendo que 179 países, inclusive o Brasil, anfitrião da conferência, assinaram a *Agenda 21.* Também conhecida como *Estratégia da Cúpula da Terra,* esta agenda é um documento sobre o desenvolvimento sustentável.

O nome *Agenda 21* se deve ao fato de ser um documento que se preocupa com o nosso futuro no século XXI. É uma agenda mínima de ação política com vistas à realização prática do desenvolvimento sustentável. O sucesso dessa estratégia deste documento depende, em grande parte, da atuação da Administração Pública no controle e fiscalização do uso dos recursos naturais, na reparação dos erros passados e na defesa da cidadania plena. O desenvolvimento sustentável não ocorrerá espontaneamente; depende da intervenção estatal. O sucesso dessa interferência exige que sejam abandonadas a ciência sem ética, a tecnologia onipotente, a indústria que destrói o meio ambiente e a democracia puramente formal (KÜNG, 1993, p. 65).

A agenda mínima de ação política com vista à viabilização da existência de um Estado Democrático de Direito Ambiental deve propiciar reformas institucionais que sejam consentâneas à realização da sociedade sustentável. A realização prática do Estado Democrático de Direito Ambiental dependerá de atos políticos capazes de transformar a realidade atual, detendo o processo da exploração desenfreada dos recursos naturais. O pensamento científico e tecnológico moderno mostrou-se incapaz de fundamentar padrões éticos, valores universais e direitos para outras espécies.

O ato político-administrativo da sociedade sustentável e democrática dependerá da nossa liberdade — nela incluída a dignidade de todos os seres —, mas sobretudo da nossa responsabilidade, entendida como uma expressão de nossa solidariedade, nascida da consciência de nossa unidade com tudo o que vive.

O Estado Democrático de Direito Ambiental terá que incorporar os princípios assumidos pelos países na *Agenda 21*, adotando um conjunto de princípios, estratégias e diretrizes de ações e procedimentos para proteger a integridade dos meios físico e biótico, bem como a dos grupos sociais que deles dependem. Todas as medidas necessárias para a construção do Estado Democrático de Direito constam do documento *Agenda 21 Brasileira*.

É preciso implementar uma agricultura sustentável para o fortalecimento de mecanismos de articulação entre governo e sociedade civil; e instâncias de articulação entre governo e sociedade civil; apoiar a agricultura familiar frente aos desafios da sustentabilidade agrícola; incentivar o planejamento ambiental e o manejo sustentável dos sistemas produtivos; incentivar a geração e a difusão de informações e de conhecimentos que garantam a sustentabilidade da agricultura.

É preciso construir cidades sustentáveis, que devem crescer sem destruir; tratar de forma conjunta à problemática ambiental e social; inovar e disseminar práticas que visem o controle dos impactos ambientais; e fortalecer a democracia, pois sem democracia não há sustentabilidade. É preciso haver um desenvolvimento da cidadania ativa; promover uma gestão integrada e participativa, compreendendo uma integração das gestões setoriais, com participação ativa da sociedade e formação de novas parcerias urbanas; concentrar suas ações em um foco local, compreendendo a descentralização da execução das políticas urbanas e ambientais; mudar o enfoque das políticas de desenvolvimento e preservação ambiental. Isso tudo envolve a substituição paulatina dos instrumentos de caráter punitivo por instrumentos de incentivo e autorregulação dos agentes sociais econômicos, informando a população sobre a política urbana desenvolvida.

O Estado Democrático de Direito Ambiental deve inserir na meta do desenvolvimento sustentável a questão da infraestrutura e da integração regional, conciliando métodos de proteção ambiental, equidade social e eficiência econômica. Nestes conceitos está implícita a adoção de políticas públicas capazes de propiciar o acesso da população aos serviços de infraestrutura econômica e social, mobilizando recursos para satisfazer as necessidades presentes, sem comprometer a capacidade das gerações futuras de suprir suas próprias necessidades.

A infraestrutura deve prover bens e serviços essenciais à qualidade de vida da população, viabilizando a inclusão dos indivíduos no circuito de produção, cidadania e consumo. A oportunidade de participar no espaço nacional e internacional deve ser dada. Deve-se adotar um desenvolvimento econômico que atenda, prioritariamente, às exigências sociais da geração adequada de empregos, melhoria na distribuição funcional, regional e interpessoal da renda.

Para proteger a biodiversidade, é necessário e urgente a implementação das políticas públicas e programas governamentais nas três esferas de governo, adotando como medidas imediatas: assegurar o uso sustentável de recursos biológicos e o acesso a recursos genéticos; disciplinar a bioprospecção, a conservação dos solos, da água, do ar e de outros elementos essenciais; bem como propiciar a integridade a longo prazo dos ecossistemas. A proteção do meio ambiente passa pela redução das desigualdades sociais. Todos os grupos social e politicamente vulneráveis ou em desvantagem relativa, como crianças, jovens e pessoas idosas, portadores de deficiência, mulheres, populações negras e indígenas, homossexuais foram incluídos na implementação da *Agenda 21 Brasileira.*

O planejamento de políticas de gestão ambiental, no propósito de realizar manejo integrado dos recursos naturais, tecnológicos e culturais de uma sociedade, conduz à necessidade de compreensão das inter-relações dos processos históricos, econômicos, ecológicos, políticos e culturais e dos caminhos do desenvolvimento. Nesse sentido, a ciência e a tecnologia para o desenvolvimento sustentável incorporam o saber ecológico e antropológico ao saber técnico.

A aplicação progressiva e interdependente da base científica e tecnológica no sistema produtivo em favor do desenvolvimento sustentável demanda um desenvolvimento científico capaz de corresponder aos problemas multidimensionais da sustentabilidade do desenvolvimento nacional.

A ciência "cidadã", como vem sendo chamada, é vetor de contribuição para a diminuição do abismo entre o mundo científico e as necessidades do desenvolvimento.

O programa do Estado Democrático de Direito Ambiental para a ciência e tecnologia (C&T) deve vincular-se a uma modernidade ética, e não apenas a uma modernidade técnica, que faz dos meios fins em si mesmos. A modernidade ética tem como referência primordial o reconhecimento explícito de valores e finalidades extrínsecos aos critérios estritamente operacionais. O princípio da sustentabilidade pode ser o princípio de uma modernidade ética.

Podemos concluir que são conceitos-chave para se consolidar o Estado Democrático de Direito Ambiental: a cooperação e a parceria; a educação e o desenvolvimento individual; a equidade e o fortalecimento dos grupos socialmente vulneráveis; o planejamento; o desenvolvimento da capacidade institucional; a informação e a gestão dos recursos naturais. Constituem temas prioritários para o Estado Democrático de Direito Ambiental: a agricultura orgânica; a questão dos recursos hídricos e da alimentação; as convenções, conferências, eventos sobre meio ambiente; o desenvolvimento sustentável; uma legislação protetiva do meio ambiente; a questão do lixo, das montanhas, da mudança climática e da criação de unidades de conservação.

Entretanto, a concretização do Estado de Direito Ambiental não depende, apenas, de agendas, programas e leis. A ação do governo é fundamental, mas, paralelamente, a democracia ambiental depende da sociedade. São as lutas sociais que instauram novos fundamentos e criam novas práticas sociais. Se de um lado as pessoas, sobretudo os jovens, estão cada vez mais conscientes, é preciso que elas estejam, também, comprometidas com a quebra de paradigmas sociais, produtivos e científicos, e com a transformação destes em modelos que não sejam depredadores.

Podemos dizer que o Estado Democrático de Direito Ambiental depende da parceria entre o Poder Público e o cidadão. O cidadão é o sujeito das normas e ações do poder. Não basta a conscientização; é preciso ação.

CAPÍTULO 3

PRINCÍPIOS DO DIREITO AMBIENTAL

Princípios são regras cuja observação deve ser permanente e obrigatória para a população de uma nação, constituindo parâmetros para as atividades públicas e privadas. Os princípios jurídicos são introduzidos progressivamente na consciência de uma sociedade e acabam sendo recepcionados de forma explícita ou implícita no texto constitucional e nas normas infraconstitucionais.

Os princípios evoluem paralelamente à evolução do pensamento humano. Toda revolução começa no mundo das ideias, e os princípios derivam dos valores filosóficos que emanam da comunidade em uma determinada época. Por serem dinâmicos, eles devem acompanhar a evolução das ciências e o aprimoramento ético das raças.

Na época do Direito romano, os recursos da natureza eram considerados *res communis ominium*, coisa comum de todos, da comunidade, salvo o direito sobre pequenas porções individuais. Todos tinham direito de uso e abuso dos recursos naturais.

O primeiro Código Civil brasileiro (CC) importou a ideia dos recursos naturais como *res communis*. Esta situação permaneceu até o nascimento do Direito Ambiental como ramo independente do Direito. Os desastres ecológicos ocorridos a partir da década de 1960 mostraram que a estrutura jurídica até então adotada começava a dar sinais de obsolescência e inoperância, e assim surgiu um novo Direito e novos princípios, os princípios do Direito Ambiental.

Os princípios do Direito Ambiental nasceram durante a realização de duas importantes cúpulas da Organização das Nações Unidas (ONU). A Cúpula sobre Meio Ambiente, realizada em 1972, em Estocolmo, que originou a *Declaração de Estocolmo*; e a Cúpula para o Meio

EDNA CARDOZO DIAS
DIREITO AMBIENTAL NO ESTADO DEMOCRÁTICO DE DIREITO

Ambiente e Desenvolvimento (CNUMAD), realizada no Rio de Janeiro, em 1992, que deu origem à *Declaração do Rio.*

Esses princípios foram acolhidos pela Constituição da República Federativa do Brasil de 1988 e pela legislação ordinária brasileira. Os principais princípios contidos nas referidas declarações da ONU são:
- princípio da obrigatoriedade da intervenção estatal;
- da prevenção e da precaução;
- do desenvolvimento sustentável e os direitos das gerações futuras;
- da educação ambiental e da informação;
- da participação;
- da soberania dos Estados para estabelecer sua política ambiental;
- do poluidor-pagador e da internacionalização dos custos ambientais;
- da responsabilidade da pessoa física e jurídica; e
- da adoção de uma política correta para a produção e consumo, e de uma política demográfica adequada.

3.1 Princípio da obrigatoriedade da intervenção estatal

O crescimento da expansão econômica, impulsionado pelo desenvolvimento da tecnologia após a Segunda Guerra Mundial, acelerou as agressões ao meio ambiente. Após a ocorrência de alguns desastres ecológicos,[1] a Suécia propôs à ONU a realização de uma conferência para se discutir a situação do ambiente humano. Em 1972, foi realizada a Conferência de Estocolmo, que reuniu representantes de 113 países, de 250 organizações não governamentais e dos organismos da ONU. Como resultado dos debates deste evento foi redigida a *Declaração de*

---

[1] Tanto os desastres ocorridos antes da Conferência de Estocolmo, como o encolhimento do Mar de Aral (Ásia Central) devido ao desvio de vários rios que o alimentavam pelo governo soviético em 1918, e o desastre Minamata (Japão), com o envenenamento de centenas de pessoas por mercúrio derramado pela fábrica de acetaldeído e PVC da Corporação Chisso, companhia hidrelétrica produtora de fertilizantes químicos, em 1956, como os posteriores, como o desastre de Bophal (Índia), em que a empresa americana Union Carbide, fabricante de pesticidas, deixou vazar 40 toneladas de gases tóxicos em 1984, o acidente nuclear de Chernobyl (União Soviética), com a explosão catastrófica de vapor do quarto reator de uma usina em 1986, o derramamento de óleo causado pelo petroleiro Exxon Valdez no Alasca (EUA), em 1989, e o recente terremoto em Fukushima (Japão) que danificou quatro reatores de uma usina nuclear em 2011, demonstram a extrema relevância da preocupação com o impacto dos danos ecológicos ao meio ambiente e ao homem.

Estocolmo, que em seu princípio nº 17 propõe: "Deve ser confiada às instituições nacionais competentes a tarefa de planificar, administrar e controlar a utilização dos recursos ambientais dos Estados, com o fim de melhorar a qualidade do meio ambiente" (UNEP, 1972).

Com base na *Declaração de Estocolmo* e em várias outras convenções internacionais, a ONU decidiu elaborar um documento que servisse de base para um programa de ação das Nações Unidas que objetivasse o desenvolvimento sustentável. A Resolução nº 38/161 da Assembleia Geral, adotada na 38ª Sessão das Nações Unidas, realizada em 1983, criou a Comissão Mundial de Meio Ambiente e Desenvolvimento, com membros de 21 países diferentes. Depois de pronto, o relatório foi examinado pelo Programa das Nações Unidas para o Meio Ambiente (PNUMA)[2] e submetido à apreciação da Assembleia Geral das Nações Unidas, em 1987.

O documento final, a que se denominou *Nosso Futuro Comum*, chegou à conclusão de que o comportamento da economia internacional faz prever que as futuras gerações não terão acesso aos recursos necessários para sua sobrevivência. O Anexo 1 do documento, intitulado "Súmula dos princípios legais propostos para a proteção ambiental e o desenvolvimento sustentável, adotados pelo grupo de especialistas em direito ambiental a CMMAD", em seu item III, enfatiza a responsabilidade dos Estados: "III RESPONSABILIDADE DOS ESTADOS - 21. Os Estados devem cessar as atividades que violam uma obrigação internacional acerca do meio ambiente e indenizar pelos danos causados" (COMISSÃO, 1991, p. 391).

Em 1988, a Assembleia Geral das Nações Unidas aprovou a Resolução nº 43/196 determinando a realização, até 1992, de uma conferência sobre meio ambiente e desenvolvimento que pudesse avaliar como os países, através de seu planejamento econômico e social, haviam absorvido a proteção ambiental desde a *Declaração de Estocolmo*, de 1972. Na sessão que aprovou essa resolução, o Brasil ofereceu-se para sediar o encontro de 1992. Em 1989, a 44ª Assembleia Geral da ONU convocou a Conferência das Nações Unidas sobre Meio Ambiente e Desenvolvimento, marcando sua realização para o mês de junho de 1992, de maneira a coincidir com o Dia do Meio Ambiente. O Brasil foi aceito como sede da Conferência.

---

[2] O PNUMA é uma agência financiadora, vinculada à ONU, que tem investido em projetos de meio ambiente e desenvolvimento, com sede em Nairóbi (Quênia).

Os países participantes assumiram, então, a obrigação de elaborar legislação no sentido de preservar o ambiente natural. É o que está disposto na *Declaração do Rio*, princípio 13:

> Princípio 13 - Os Estados irão desenvolver legislação nacional relativa à responsabilidade e à indenização das vítimas de poluição e de outros danos ambientais. Os Estados irão também cooperar, de maneira expedita e mais determinada, no desenvolvimento do direito internacional no que se refere à responsabilidade e à indenização por efeitos adversos dos danos ambientais causados, em áreas fora de sua jurisdição, por atividades dentro de sua jurisdição ou sob seu controle. (MAZZUOLI, 2003, p. 581)

3.2 Princípio da prevenção e da precaução

O princípio da prevenção nos incita a agir preventivamente, antes que um dano aconteça em virtude de um risco, geralmente já conhecido ou previsível. O princípio da precaução tem por fim evitar riscos desconhecidos, ou incertos, sobre os quais a ciência não chegou a conclusões definitivas. A *Declaração do Rio de Janeiro* reza em seu princípio 15:

> Princípio 15 - Com o fim de proteger o meio ambiente, o princípio da precaução deverá ser amplamente observado pelos Estados, de acordo com suas capacidades. Quando houver ameaça de danos graves ou irreversíveis, a ausência de certeza científica absoluta não será utilizada como razão para o adiamento de medidas economicamente viáveis para prevenir a degradação ambiental. (MAZZUOLI, 2003, p. 581)

> Este princípio implica obrigações de fazer e não fazer, tais como:
> a) levantamento das espécies animais e vegetais de uma região;
> b) inventário de ecossistemas;
> c) zoneamento ambiental e valorização das áreas de acordo com sua aptidão;
> d) planejamento ambiental e econômico integrados;
> e) estudo de impacto ambiental.

3.3 Princípio do desenvolvimento sustentável e os direitos das gerações futuras

Na Conferência de Estocolmo, em 1972, foi assinada a *Declaração sobre o Ambiente Humano*, que defende o interesse das gerações presentes e futuras em seus princípios 1, 2 e 3:

Princípio 1 - O homem tem o direito fundamental à liberdade, à igualdade e ao desfrute de condições de vida adequada em um meio cuja qualidade lhe permite levar uma vida digna e gozar de bem-estar, tendo a solene obrigação de proteger e melhorar esse meio para as gerações presente e futura. A este respeito as políticas que promovem ou perpetuam o apartheid, a segregação racial, a discriminação, a opressão colonial e outras formas de opressão e de dominação estrangeira continuam condenadas e devem ser eliminadas.

Princípio 2 - Os recursos naturais da Terra, inclusos o ar, a água, o solo, a flora e a fauna, especialmente as amostras representativas dos ecossistemas naturais, devem ser preservados em benefício das gerações presente e futura, mediante uma cuidadosa planificação ou regulamentação, segundo seja mais conveniente.

Princípio 3 - Deve ser mantida e, sempre que possível, restaurada e melhorada, a capacidade da Terra para produzir recursos vitais renováveis. (UNEP, 1972)

Durante a II Conferência das Nações Unidas sobre Meio Ambiente e Desenvolvimento Humano (CNUMAD/92), os países presentes elaboraram uma agenda a ser cumprida no século XXI, denominada *Agenda 21*, nome que retrata a preocupação dos signatários com o nosso futuro no século XXI. Também conhecida como Estratégia da Cúpula da Terra, a *Agenda 21* é o principal documento da Rio 92, tendo sido assinada por 179 países, inclusive o Brasil, anfitrião da Conferência. É constituído por uma agenda mínima de ação política, composta por ações, programas e planejamentos com vistas à realização prática do desenvolvimento sustentável.

O Brasil, assim como os demais países signatários dos acordos oriundos da CNUMAD/92, assumiu o compromisso de elaborar e implementar sua própria Agenda 21.

Foi instalada uma Comissão Interministerial de Políticas de Desenvolvimento Sustentável e da Agenda 21 Nacional (CPDS) para elaborar e discutir um modelo de política capaz de redefinir o modelo de desenvolvimento no Brasil.

A Constituição da República Federativa do Brasil (CRFB/88) recepcionou o princípio do desenvolvimento sustentável no *caput* do artigo sobre o meio ambiente:

Art. 225. Todos têm direito ao meio ambiente ecologicamente equilibrado, bem de uso comum do povo e essencial à sadia qualidade de vida, impondo-se ao Poder Público e à coletividade o dever de defendê-lo e preservá-lo para as presentes e futuras gerações.

3.4 Princípio da educação ambiental e da informação

A *Declaração de Estocolmo*, de 1972, previu em seu princípio 19:

> Princípio 19 - É essencial seja ministrada educação sobre questões ambientais às gerações jovens como aos adultos, levando-se em conta os menos favorecidos, com a finalidade de desenvolver as bases necessárias para esclarecer a opinião pública e dar aos indivíduos, empresas e coletividades o sentido de suas responsabilidades no que concerne à proteção e melhoria do meio ambiente em toda sua dimensão humana. (UNEP, 1972)

A nossa Constituição Federal de 1988 agasalhou este princípio no inciso VI do §1º do art. 225:

> Art. 225 - Todos têm direito ao meio ambiente ecologicamente equilibrado, bem de uso comum do povo e essencial à sadia qualidade de vida, impondo-se ao Poder Público e à coletividade o dever de defendê-lo e preservá-lo para as presentes e futuras gerações.
>
> §1º - Para assegurar a efetividade desse direito, incumbe ao Poder Público:
>
> VI - promover a educação ambiental em todos os níveis de ensino e a conscientização pública para a preservação do meio ambiente; (...).

Constatados os efeitos mundiais dos desastres ecológicos, este conhecimento nos trouxe a emergência das obrigações *erga omnes* e de uma responsabilidade internacional dos Estados que precisa ser assumida. Mas somente uma nova educação poderá nos transmitir, e à geração dos professores e de estadistas, a energia de um pensar novo. Uma imensa responsabilidade aguarda os educadores e professores; nada menos que contribuir para a sobrevivência deste planeta.

A Administração Pública tem o dever de promover campanhas educativas e manter a população informada sobre seus planos governamentais e os riscos de desastres naturais a que se expõe. Esse dever foi assumido pelos países signatários da *Declaração do Rio*, no princípio 19:

> Princípio 19 - Os Estados fornecerão, oportunamente, aos Estados potencialmente afetados, notificação prévia e informações relevantes acerca de atividades que possam vir a ter considerável impacto transfronteiriço negativo sobre o meio ambiente, e se consultarão com estes tão logo seja possível e de boa-fé. (MAZZUOLI, 2003, p. 581)

3.5 Princípio da participação

No princípio 10 da *Declaração do Rio*, de 1992, lê-se:

> Princípio 10 - A melhor maneira de tratar as questões ambientais é assegurar a participação, no nível apropriado, de todos os cidadãos interessados. No nível nacional, cada indivíduo terá acesso adequado às informações relativas ao meio ambiente de que disponham as autoridades públicas, inclusive informações acerca de materiais e atividades perigosas em suas comunidades, bem como a oportunidade de participar dos processos decisórios. Os Estados irão facilitar e estimular a conscientização e a participação popular, colocando as informações à disposição de todos. Será proporcionado o acesso efetivo a mecanismos judiciais e administrativos, inclusive no que se refere à compensação e reparação de danos. (MAZZUOLI, 2003, p. 581)

A participação popular está inserida em toda legislação ambiental do nosso país por meio de conselhos paritários, audiências públicas, grupos de trabalho etc. Cumpre reconhecer que uma democracia participativa demanda um novo paradigma para a democracia social, de acordo com a descoberta de nossa interdependência, e que inclua toda a comunidade terrestre. Nessa democracia social, sujeitos de direito devem ser não apenas os seres humanos, mas todos os seres que habitam o planeta e compõem o mundo social humano.

Falar de direitos é falar de limites para o comportamento humano. O cumprimento do dever de cada um é exigência do direito de todos. Ou seja, a todo direito subjetivo corresponde um dever jurídico. Portanto, não podemos falar de direitos sem falar de deveres. O primeiro dever do ser humano é respeitar o direito dos outros e de cada um. Um direito só é efetivo pela obrigação que ele suscita. Direitos e deveres são elementos da democracia.

Existe uma responsabilidade mundial de cada Estado na manutenção de um planeta saudável e habitável. Essa responsabilidade é equitativa, traduzindo-se pelo desempenho de obrigações segundo as capacidades de cada país (*equitable burden-sharing*). Em virtude dessa preocupação, o interesse comum da humanidade estabelece responsabilidades comuns, porém diferenciadas, o que vem gerando resistência dos países desenvolvidos para sua concretização.

3.6 Princípio da soberania dos Estados para estabelecer sua política ambiental

Está contido na *Declaração de Estocolmo*, de 1972:

> Princípio 21 - Conforme a Carta das Nações Unidas e os princípios de direito internacional, os Estados têm o direito soberano de explorar seus recursos segundo sua política ambiental e têm o dever de agir, de tal modo, que as atividades exercidas nos limites de sua jurisdição ou sob seu controle não causem prejuízo ao meio ambiente de outros Estados. (UNEP, 1972)

E na *Declaração do Rio*, de 1992:

> Princípio 2 - Os Estados, de acordo com a Carta das Nações Unidas e os princípios do direito internacional, o direito soberano de explorar seus próprios recursos segundo suas próprias políticas de meio ambiente e desenvolvimento, e a responsabilidade de assegurar que atividades sob sua jurisdição ou controle não causar danos ao meio ambiente de outros Estados ou de áreas além dos limites da jurisdição nacional jurisdição.

> Princípio 3 - O direito ao desenvolvimento deve ser realizado de modo a atender equitativamente desenvolvimento e meio ambiente necessidades das gerações presentes e futuras. (...)

> Princípio 15 - A fim de proteger o meio ambiente, o princípio da precaução deve ser amplamente observado pelos Estados, de acordo com suas capacidades. Quando houver ameaça de danos sérios ou irreversíveis, a ausência de certeza científica absoluta não será utilizada como razão para o adiamento de medidas economicamente viáveis para prevenir a degradação ambiental. (MAZZUOLI, 2003, p. 580-581)

3.7 Princípio do poluidor-pagador e da internacionalização dos custos ambientais

O princípio do poluidor-pagador preconiza a ideia de que é o poluidor que deve arcar com os custos dos danos ambientais por ele causados, assim como pela prevenção dos danos que possam vir a ser causados pelas atividades por ele exercidas. É um dos princípios nucleares do Direito Ambiental.

Esse princípio impõe ao poluidor o dever de arcar com as despesas de prevenção, reparação e repressão da poluição.

Consta da *Declaração do Rio*, de 1992:

Princípio 16 - As autoridades nacionais devem procurar fomentar a internacionalização dos custos ambientais e o uso de instrumentos econômicos, levando em conta o critério de que aquele que contamina deve, em princípio arcar com os custos da contaminação, tendo em devida conta o interesse público e sem distorções do comércio internacional e investimento. (MAZZUOLI, 2003, p. 581)

No Brasil, a CRFB/88 expressa este princípio, em seu artigo 225, §3º: "As condutas e atividades consideradas lesivas ao meio ambiente sujeitarão os seus infratores, pessoas físicas ou jurídicas, a sanções penais e administrativas, independentemente da obrigação de reparar os danos causados"; e no artigo 225, §2º: "Aquele que explorar recursos minerais fica obrigado a recuperar o meio ambiente degradado, de acordo com solução técnica exigida pelo órgão público competente, na forma da lei".

Na legislação infraconstitucional, a Lei nº 6.938/81 estabelece em seu artigo 4º:

Art. 4º A Política Nacional do Meio Ambiente visará: (...)

VII - à imposição, ao poluidor e ao predador, da obrigação de recuperar e/ou indenizar os danos causados, e ao usuário, da contribuição pela utilização de recursos ambientais.

E em seu artigo 14:

Art. 14 - Sem prejuízo das penalidades definidas pela legislação federal, estadual e municipal, o não cumprimento das medidas necessárias à preservação ou correção dos inconvenientes e danos causados pela degradação da qualidade ambiental sujeitará os transgressores: (...)

§1º Sem obstar a aplicação das penalidades previstas neste artigo, é o poluidor obrigado, independentemente da existência de culpa, a indenizar ou reparar os danos causados ao meio ambiente e a terceiros afetados por sua atividade.

3.8 Princípio da responsabilidade da pessoa física e jurídica

Este princípio encontra respaldo na *Declaração do Rio*, de 1992, que assim dispõe: "Princípio 13. Os Estados devem elaborar uma legislação nacional concernente à responsabilidade por danos causados pela poluição e com a finalidade de indenizar as vítimas (...)" (MACHADO, 1994, p. 42).

3.9 Princípio da adoção de uma política correta para a produção e consumo, e de uma política demográfica adequada

A discussão de uma política demográfica ainda é um tabu para a sociedade. Mas foi abordada na *Declaração de Estocolmo*, de 1972, no princípio 16:

> Nas regiões onde a taxa de crescimento da população ou sua concentração excessiva seja de natureza a exercer influência desfavorável sobre o ambiente e o desenvolvimento, e naquelas onde a fraca densidade de população possa impedir qualquer melhoria do ambiente ou impedir o desenvolvimento, é preciso implementar políticas demográficas, que respeitem os direitos fundamentais do homem e sejam julgadas adequadas pelos governos interessados. (UNEP, 1972)

CAPÍTULO 4

O CAPÍTULO DO MEIO AMBIENTE NA CONSTITUIÇÃO FEDERAL DE 1988

O Direito Ambiental encontra seu núcleo normativo na Constituição da República Federativa do Brasil de 1988 (CRFB/88), no Capítulo VI, composto pelo artigo 225, com seus seis parágrafos e os sete incisos do parágrafo primeiro. O dispositivo arrola uma série de incumbências para o Poder Público visando à preservação do meio ambiente.

Art. 225. Todos têm direito ao meio ambiente ecologicamente equilibrado, bem de uso comum do povo e essencial à sadia qualidade de vida, impondo-se ao Poder Público e à coletividade o dever de defendê-lo e preservá-lo para as presentes e futuras gerações.

§1º Para assegurar a efetividade deste direito, incumbe ao Poder Público:

I - preservar e restaurar os processos ecológicos essenciais e prover o manejo ecológico das espécies e ecossistemas; (...)

O Brasil detém a maior diversidade biológica do planeta, 40% das florestas tropicais e 20% de toda a água doce. Além disso, cerca de 45% do PIB e 31% das exportações estão diretamente associadas à base de recursos naturais do País. A estratégia a ser estabelecida no tratamento desse tema concentra-se na proteção, valorização e uso dos recursos naturais, envolvendo legislação atualizada e abrangente, instrumentos e sistemas avançados de monitoramento e controle e políticas de apoio ao desenvolvimento tecnológico voltado para a gestão adequada dos recursos naturais.

O processo de gestão dos recursos naturais pressupõe conhecimento específico sobre os fatores naturais, como o solo, a água, a vegetação e a fauna. A gestão dos recursos naturais é uma particularidade da gestão ambiental que preocupa-se com o conjunto de princípios, estratégias e diretrizes de ações determinadas e conceituadas pelos agentes socioeconômicos, públicos e privados, que interagem no processo de uso dos recursos naturais, garantindo-lhes sustentabilidade. Essa gestão requer posturas mais abrangentes do governo e da sociedade, ou seja, demanda a participação de diferentes atores sociais. Para a efetivação dessa participação, a informação e o acesso à informação devem ser adaptados a diferentes públicos. Requer, ainda, a descentralização das decisões e ações.

Já a gestão ambiental compreende o conjunto de princípios, estratégias e diretrizes de ações e procedimentos para proteger a integridade dos meios físico e biótico, bem como a dos grupos sociais que deles dependem.

O Brasil e os demais países signatários dos acordos oriundos da Cúpula das Nações Unidas para o Meio Ambiente e Desenvolvimento (CNUMAD/92) assumiram o compromisso de adotar o paradigma do desenvolvimento sustentável e de elaborar e implementar sua Agenda 21.

A *Agenda 21 Brasileira* é um processo de planejamento estratégico participativo para a adoção do desenvolvimento sustentável nos âmbitos ecológico, ambiental, social, político e econômico.

A sustentabilidade ecológica refere-se à fase física do processo de crescimento e tem como objetivo a manutenção de estoques de capital natural, incorporados às atividades produtivas. A sustentabilidade ambiental diz respeito à manutenção da capacidade de sustentação dos ecossistemas, o que implica a capacidade de absorção e recomposição dos ecossistemas em face das agressões antrópicas.

A sustentabilidade social está ligada ao desenvolvimento socioeconômico e tem por objetivo a melhoria da qualidade de vida da população. Para o caso de países com problemas de desigualdades e de exclusão social, implica a adoção de políticas distributivas e a universalização de atendimento a questões como saúde, educação, habitação e seguridade social. A sustentabilidade política refere-se ao processo de construção da cidadania para garantir a incorporação plena dos indivíduos ao processo de desenvolvimento.

Em relação a esse ponto, após discussões com a sociedade através de audiências públicas, foi criada, em 1997, a Comissão Interministerial de Políticas de Desenvolvimento Sustentável e da Agenda 21 (CPDS), com o objetivo de elaborar e discutir um modelo de política capaz de redefinir o modelo de desenvolvimento no Brasil. Foram debatidos os seguintes temas:

1. Agricultura sustentável;
2. Cidades sustentáveis;
3. Infraestrutura e integração regional;
4. Gestão dos recursos naturais;
5. Redução das desigualdades sociais; e
6. Ciência e tecnologia para o desenvolvimento sustentável.

Por fim, a sustentabilidade econômica diz respeito a uma gestão eficiente dos recursos em geral e caracteriza-se pela regularidade de fluxos do investimento público e privado. Implica a avaliação da eficiência por processos macrossociais.

O inciso I do artigo 225 da CRFB/88 determina como uma das incumbências do Poder Público: "I - preservar a diversidade e a integridade do patrimônio genético do País e fiscalizar as entidades dedicadas à pesquisa e manipulação de material genético". A engenharia genética, mais conhecida como tecnologia do DNA recombinante, é um conjunto de técnicas que permite a identificação, isolamento e multiplicação de genes dos mais diversos organismos. O impacto da engenharia genética no ambiente sociobiológico é grande. E sempre existe o risco de se querer aperfeiçoar a raça humana, como hoje já se faz com os animais, sobretudo na pecuária.

A engenharia genética pode ser usada, também, para o melhoramento genético. Com esse fim foi criado o Projeto Genoma (*Human Genome Iniciative*), que se propõe a estudar os genes que compõem a vida humana e sua relação com as enfermidades; existindo, ainda, a terapia gênica, que consiste em retirar os gens defeituosos para serem reparados e reinjetados no organismo.

A primeira lei regulamentadora da questão foi a Lei nº 8.974, de 05 de janeiro de 1995. A denominada Lei de Biossegurança estabeleceu normas de segurança e mecanismos de fiscalização no uso das técnicas de engenharia genética na construção, cultivo, manipulação, transporte, comercialização, consumo, liberação e descarte de organismos geneticamente modificados (OGM), visando proteger a vida, a saúde do homem, dos animais, das plantas e do meio ambiente.

Essa lei foi revogada pela Lei nº 11.105, de 24 de março de 2005, que por sua vez foi alterada pela Lei nº 11.460, de 21 de março de 2007. A nova lei adotou como diretrizes o estímulo ao avanço científico na área de biossegurança e biotecnologia, a proteção à vida e à saúde humana, animal e vegetal. Ela estabelece normas de segurança e mecanismos de fiscalização sobre a construção, o cultivo, a produção, a manipulação, o transporte, a transferência, a importação, a exportação, o armazenamento, a pesquisa, a comercialização, o consumo, a liberação no meio ambiente e o descarte de organismos geneticamente modificados (OGM) e seus derivados.

Para fiscalizar os órgãos que desenvolvem pesquisas, a Lei nº 11.105/05 criou o Conselho Nacional de Biossegurança (CNBS), vinculado à Presidência da República, órgão de assessoramento superior do Presidente da República para a formulação e implementação da Política Nacional de Biossegurança (PNB).

Ela ampliou as competências do Conselho Técnico Nacional de Biossegurança (CTNBio), integrante do Ministério da Ciência e Tecnologia, como instância colegiada multidisciplinar de caráter consultivo e deliberativo, criada para prestar apoio técnico e de assessoramento ao Governo Federal na formulação, atualização e implementação da PNB de Organismo Geneticamente Modificado (OGM) e seus derivados. O CTNBio também estabelece normas técnicas de segurança e elaboração de pareceres técnicos referentes à autorização para atividades que envolvam pesquisa e uso comercial de OGM e seus derivados, com base na avaliação de seu risco zoofitossanitário, à saúde humana e ao meio ambiente.

De acordo com a Lei nº 11.105/05, aos órgãos e entidades de registro e fiscalização do Ministério da Saúde, do Ministério da Agricultura, Pecuária e Abastecimento e do Ministério do Meio Ambiente, e da Secretaria Especial de Aquicultura e Pesca da Presidência da República competem as seguintes atividades:

> Art. 16. (...)
>
> I - fiscalizar as atividades de pesquisa de OGM e seus derivados;
>
> II - registrar e fiscalizar a liberação comercial de OGM e seus derivados;
>
> III - emitir autorização para a importação de OGM e seus derivados para uso comercial;
>
> IV - manter atualizado no SIB o cadastro das instituições e responsáveis técnicos que realizam atividades e projetos relacionados a OGM e seus derivados;
>
> V - tornar públicos, inclusive no SIB, os registros e autorizações concedidas;
>
> VI - aplicar as penalidades de que trata esta Lei;
>
> VII - subsidiar a CTNBio na definição de quesitos de avaliação de biossegurança de OGM e seus derivados.

O zoneamento ecológico está previsto no item III do artigo 225 da CRFB/88:

III - definir, em todas as unidades da Federação, espaços territoriais e seus componentes a serem especialmente protegidos, sendo a alteração e a supressão permitidas somente através de lei, vedada qualquer utilização que comprometa a integridade dos atributos que justifiquem sua proteção.

O zoneamento é um instrumento jurídico de ordenação do uso e ocupação do solo, que engloba os zoneamentos ambiental ou industrial, urbano, costeiro, agroecológico e econômico.

O zoneamento ambiental consiste em instituir zonas de preservação destinadas à melhoria ou recuperação da qualidade ambiental. Seu objetivo é a criação de áreas especiais para proteger o meio ambiente. Nas unidades de conservação, as áreas especiais podem ser limitadas ou ter certas atividades proibidas. Cada tipo de área sofre restrições de uso maiores ou menores, de acordo com a legislação específica.

O legislador criou várias categorias de áreas, tais como parques, áreas de preservação permanente, áreas de proteção ambiental, refúgios da vida silvestre, área de relevante interesse ecológico. Outras categorias são: reservas da fauna, reservas de desenvolvimento sustentável, reserva particular do patrimônio natural, reservas da biosfera, reservas biológicas, estações ecológicas, florestas nacionais, estaduais e municipais, áreas especiais e locais de interesse turístico, áreas de interesse especial. Todo estado-membro é obrigado a elaborar o zoneamento ecológico-econômico (ZEE). O ZEE deve buscar a sustentabilidade ecológica econômica e social, contar com ampla participação democrática, além de valorizar o conhecimento científico multidisciplinar. Seu objetivo geral é organizar, de forma vinculada, as decisões dos agentes públicos e privados quanto a planos, programas, projetos e atividades que, direta ou indiretamente, utilizem recursos naturais, assegurando a plena manutenção do capital dos serviços ambientais dos ecossistemas.

O ZEE obedece aos seguintes princípios:
- da função social da propriedade;
- da prevenção e da precaução;
- do poluidor-pagador e do usuário-pagador;
- da participação informada;
- do acesso equitativo e da integração.

Compete ao Poder Público Federal elaborar e executar o ZEE nacional ou regional, em especial quando tiver por objeto bioma considerado patrimônio nacional ou que não deva ser tratado de forma fragmentária.

O ZEE deve dividir o território em zonas, de acordo com as necessidades de proteção, conservação e recuperação dos recursos naturais e do desenvolvimento sustentável, observados os princípios da utilidade e simplicidade. Deve também observar as atividades adequadas para cada zona, de acordo com sua fragilidade ecológica, capacidade de suporte ambiental e potencialidade, levando em conta a necessidade de proteção ambiental; conservação das águas, do solo, do subsolo, da fauna e da flora e demais recursos naturais renováveis e não renováveis; definição de áreas para unidades de conservação; critérios para orientar as atividades madeireiras; medidas para o desenvolvimento sustentável no setor rural; ajustamento nos planos municipais de zoneamento; e previsão dos respectivos recursos para a execução.

O ZEE é um instrumento concreto para a implementação da sustentabilidade espacialmente orientada. É, ainda, um integrador das políticas públicas localizadas no território, podendo solucionar conflitos entre atividades econômicas e o uso dos recursos ambientais.

No plano internacional, o Brasil firmou diversos acordos decorrentes de processos de articulação geopolítica:

- Convenção Internacional sobre o Comércio Internacional das Espécies da Flora e da Fauna Selvagens em Perigo de Extinção, Washington, EUA, 1973;
- Convenção da Diversidade Biológica (CDB), Rio de Janeiro, 1992;
- Convenção Quadro das Nações Unidas sobre Mudança de Clima, Nova Iorque, 1992;
- Convenção das Zonas Úmidas de Importância Internacional (Convenção de Ramsar), Irã, 1971;
- Convenção de Viena para a Proteção da Camada de Ozônio, 1985; e Protocolo de Montreal, 1987;
- Convenção da Basileia, 1989, sobre o controle de movimentos transfonteiriços de produtos químicos perigosos para saúde humana e meio ambiente;
- Convenção de Roterdã, 1998, e a redução e eliminação de emissões de poluentes orgânicos persistentes, (POP).
- Convenção de Estocolmo, 2001, definindo ações que cumpram objetivos comuns estabelecidos internacionalmente.

O inciso IV do artigo 225 da CRFB/88 dispõe o seguinte: "IV - Exigir na forma da lei, para instalação de obra ou atividade potencialmente causadora de significativa degradação do meio ambiente, estudo prévio de impacto ambiental, a que se dará publicidade".

Esse estudo prévio é composto pelo Estudo de Impacto Ambiental (EIA) e pelo Relatório de Impacto Ambiental (RIMA). O EIA é um estudo das prováveis modificações nas diversas características socioeconômicas e biofísicas do meio ambiente que podem resultar de um projeto proposto.

O RIMA é um resumo do EIA, reflete suas conclusões e realiza uma síntese do diagnóstico ambiental da área, além de indicar a alternativa mais favorável. Ele deve ser realizado por uma equipe multidisciplinar habilitada, que não dependa do proponente do projeto e que será responsável pelo resultado do estudo. A habilitação dessa equipe se dá com a inscrição de seus membros no Cadastro Técnico Federal de Atividades, sob a égide do Instituto Brasileiro do Meio Ambiente e dos Recursos Naturais Renováveis (IBAMA).

Todo licenciamento ambiental de indústria potencialmente poluidora terá que ser precedido de EIA/RIMA. Cabe ao órgão estadual conceder a licença ambiental para atividades poluidoras, precedido do Alvará de Localização da Prefeitura, e examinar o EIA/RIMA. Os licenciamentos de competência federal são concedidos somente pelos órgãos federais.

O inciso V do art. 225 da CRFB/88 enumera as responsabilidades de licenciamento de competência federal: "Controlar a produção, a comercialização e o emprego de técnicas, métodos e substâncias que comportem risco para a vida, a qualidade de vida e o meio ambiente" — completa o que dispõe o art. 200 em relação ao Sistema Único de Saúde (SUS). Em seu inciso IV, o art. 200 determina que cabe ao SUS "participar do controle e fiscalização da produção, transporte e utilização de substâncias e produtos psicoativos, tóxicos e radioativos". Disso deduz-se que a política de defesa do meio ambiente está ligada à saúde pública.

A Convenção de Basileia — da qual o Brasil é signatário — foi adotada sob a égide da Organização das Nações Unidas e concluída em Basileia, Suíça, em 22 de março de 1989. Ela foi promulgada pelo governo brasileiro através do Decreto nº 875, de 19 de julho de 1993, publicado no *DOU* do dia subsequente. A referida convenção trata do controle de movimentos transfronteiriços de resíduos perigosos e seu depósito, preconizando a redução desses movimentos ao mínimo compatível com a administração ambientalmente saudável e eficaz desses resíduos, devendo essa diminuição ser efetuada de maneira a proteger a saúde humana e o meio ambiente dos efeitos adversos que possam resultar desses movimentos.

Os produtos perigosos, tais como inflamáveis, tóxicos, infectantes, corrosivos e radioativos devem ter sua produção, comercialização, transporte e descarte final rigorosamente controlados pelo Poder Público.

A Política Nacional de Resíduos Sólidos, instituída pela Lei nº 12.305, de 02 de agosto de 2010, e regulamentada pelo Decreto nº 7.404, de 23 de dezembro de 2010, determina a criação de uma gestão integrada para o gerenciamento dos resíduos sólidos ou perigosos. Essa política fundamenta suas ações na classificação para produtos perigosos estabelecida pela Organização das Nações Unidas (ONU), determinada na Convenção da Basileia (1989) e na Resolução CONAMA nº 23/96.

O dever de realizar educação ambiental é tratado no inciso VI do artigo 225 da CRFB/88: "promover a educação ambiental em todos os níveis de ensino e a conscientização pública para a preservação do meio ambiente" — foi concretizado através da Política de Educação Ambiental, instituída pela Lei nº 9.795, de 27 de abril de 1999.

A referida lei conceitua a educação ambiental como:

> (...) os processos por meio dos quais o indivíduo e a coletividade constroem valores sociais, conhecimentos, habilidades, atitudes e competências voltadas para a conservação do meio ambiente, bem de uso comum do povo, essencial à sadia qualidade de vida e a sua sustentabilidade.

Prevê, ainda, que a educação ambiental deve estar presente em todos os níveis e modalidades do processo educativo, tanto em caráter formal como informal, devendo as políticas públicas incorporar a dimensão ambiental, promovendo a educação ambiental e o engajamento da sociedade na conservação, recuperação e melhoria do meio ambiente. A Lei determina, também, que devem participar da educação ambiental as instituições educativas, os órgãos do Sistema Nacional de Meio Ambiente (SISNAMA), os meios de comunicação de massa, empresas, instituições públicas e privadas, entidades de classe e a sociedade como um todo.

Entre os princípios básicos da educação ambiental, previstos na Lei nº 9.795, destacamos o enfoque holístico, a concepção do meio ambiente em sua totalidade, a pluralidade, diversidade e transdisciplinaridade. Estes princípios têm como principais objetivos o fortalecimento da cidadania e a solidariedade como fundamento para o futuro da humanidade.

A proteção da flora e da fauna é tratada no inciso VII do art. 225 da CRFB/88 da seguinte maneira: "proteger a fauna e a flora, vedadas, na forma da lei, as práticas que coloquem em risco sua função ecológica, provoquem a extinção de espécies ou submetam os animais à crueldade." O trecho dispõe que incumbe ao Poder Público criar uma legislação que garanta o uso sustentável das florestas, e dê uma maior proteção às espécies vulneráveis a fim evitar a extinção das espécies. Os impactos da ocupação humana se refletem na perda dos hábitats dos animais silvestres. A proteção da fauna e da flora são inseparáveis. A principal legislação protetora da flora é o Código Florestal, Lei nº 4.771, de 15 de setembro de 1965. Além desta lei, aplicam-se à proteção da flora as seguintes legislações:

- Lei nº 9.605, de 12 de fevereiro de 1998 (Lei de Crimes Ambientais) – dispõe sobre as sanções penais e administrativas derivadas de condutas e atividades lesivas ao meio ambiente, e dá outras providências;
- Lei nº 9.985, de 18 de julho de 2000 – regulamenta o art. 225, §1º, incisos I, II, III e VII da Constituição Federal, e institui o Sistema Nacional de Unidades de Conservação da Natureza e dá outras providências;
- Lei nº 11.284, de 02 de março de 2006 – dispõe sobre a gestão de florestas públicas para a produção sustentável; e
- Lei nº 11.428, de 22 de dezembro de 2006 – dispõe sobre a utilização e proteção da vegetação nativa do Bioma Mata Atlântica, e dá outras providências.

Como parte do meio ambiente, os animais, independentemente de serem ou não da fauna brasileira, contam, a partir de 1988, com garantia constitucional, dando mais força à legislação vigente, pois todas as situações jurídicas devem se conformar com os princípios constitucionais. A primeira legislação brasileira relativa à crueldade contra os animais foi o Decreto nº 16.590, de 1924, que regulamentava as Casas de Diversões Públicas, proibindo as corridas de touros, garraios e novilhos, brigas de galos e canários, dentre outras diversões que causassem sofrimento aos animais.

Em 10 de julho de 1934, por inspiração do então Ministro da Agricultura Juarez Távora, o Presidente Getúlio Vargas, chefe do Governo Provisório, promulgou o Decreto Federal nº 24.645, estabelecendo medidas de proteção aos animais, que tinha força de lei, uma vez que o Governo Central avocou para si a atividade legiferante. Em 03 de outubro de 1941, foi baixado o Decreto-lei nº 3.688, Lei das Contravenções Penais, que em seu artigo 64 proibiu a crueldade contra os animais. O primeiro pertine a maus tratos, enquanto o segundo, à crueldade. A crueldade contra os animais e os maus tratos eram classificados como meras contravenções, delitos considerados de menor potencial ofensivo, e na prática não eram punidos.

Com a marcha ascensional da cultura e do progresso no Brasil e estando a proteção animal ligada a vários Ministérios, novas leis se fizeram necessárias, como o Código de Pesca (Lei nº 221, de 28 de fevereiro de 1967), a Lei de Proteção à Fauna (Lei nº 5.197, de 03 de janeiro de 1967), a Lei da Vivissecção (Lei nº 11.794, de 08 de outubro de 2008), a Lei dos Zoológicos (Lei nº 7.173, de 14 de dezembro de 1983), a Lei dos Cetáceos (Lei nº 7.643, de 18 de dezembro de 1987), a Lei da Inspeção de Produtos de Origem Animal (Lei nº 7.889, de 23 de novembro de 1989), e a Lei de Crimes Ambientais (Lei nº 9.605, de 12 de fevereiro de 1998), que criminalizou os atentados aos animais, sejam domésticos, exóticos ou silvestres.

Os animais, em suas diversas categorias – silvestre, nativo ou exótico, doméstico ou domesticado –, fazem parte da ampla variedade de seres vivos integrantes da biosfera. O meio ambiente, constituído pelos fatores abióticos e bióticos, que compreendem todos os seres vivos em relação, forma um todo onde nada pode ser excluído. Sob o ponto de vista legal, os animais, sem qualquer discriminação em categoria, estão inseridos no Capítulo do Meio Ambiente da CRFB/88, cujos preceitos asseguram sua total proteção pelo Poder Público e pela comunidade. Estão ainda amparados pela Lei de Crimes Ambientais.

Entende-se por fauna silvestre, nos termos do §3º, do art. 29, da Lei nº 9.605/98, "(...) todos aqueles animais pertencentes às espécies nativas, migratórias e quaisquer outras, aquáticas ou terrestres, que tenham todo ou parte de seu ciclo de vida ocorrendo dentro dos limites do território brasileiro, ou águas jurisdicionais brasileiras" (BRASIL, 1998). Também são considerados fauna, e propriedade do Estado, os ninhos, abrigos e criadouros naturais de animais. A fauna está sob o domínio eminente da União, ou seja, a esta compete o cuidado e proteção daquela.

Por outro lado, enquanto a lei considera os animais silvestres como bem de uso comum do povo, ou seja, um bem difuso indivisível e indisponível, já os domésticos são considerados pelo Código Civil como semoventes passíveis de direitos reais. Em decorrência, é permitida a apropriação dos animais domésticos para integrar o patrimônio individual, diferentemente do que ocorre com o bem coletivo.

Em relação aos recursos minerais, a CRFB/88 traçou a política mineral tendo como preocupação básica a preservação do meio ambiente. Ela exige o EIA para a instalação de obra ou atividade potencialmente poluidora e determina, no §2º do art. 225, que: "aquele que explorar os recursos minerais fica obrigado a recuperar o meio ambiente degradado, de acordo com solução técnica exigida pelo órgão público competente, na forma da lei".

São considerados como degradação os processos resultantes dos danos ao meio ambiente pelos quais se perdem ou se reduzem algumas de suas propriedades. Como o custo da recuperação dessas áreas é altíssimo e a atual legislação não obriga o minerador a reservar capital ou prestar garantia real vinculada a esta finalidade, infelizmente o dispositivo constitucional não vem sendo cumprido.

A Lei nº 9.605/98 determina, no art. 55, parágrafo único, que incorre em crime "quem deixa de recuperar a área pesquisada ou explorada, nos termos da autorização, permissão, licença, concessão ou determinação do órgão competente". A pena prevista é de detenção de seis meses a um ano e multa.

A responsabilidade pelos danos causados ao meio ambiente é tratada na CRFB/88 no §3º do artigo 225: "As condutas e atividades consideradas lesivas ao meio ambiente sujeitarão os infratores, pessoa física ou jurídica, a sanções penais e administrativas, independentemente da obrigação de reparar os danos causados". Este parágrafo deixou em aberto uma grande possibilidade de inovação no Direito Penal e no Direito Administrativo naquilo que se refere à responsabilização das pessoas jurídicas.

No âmbito civil, a responsabilidade pelo dano ambiental é objetiva, independe de culpa, resolvendo-se com o ressarcimento dos danos. O problema mais grave do dano ecológico é que nem sempre pode ser convertido em pecúnia, e nem sempre a conversão do dano em valor resolve o problema. E muitas vezes não há possibilidade tecnológica e científica de reparação. Ressalte-se que a responsabilidade objetiva já pré-existia à Carta Constitucional.

Quanto às penalidades administrativas, são várias, estando a maioria prevista no artigo 72 da Lei nº 9.605/98, a saber: advertência; multa simples; multa diária; apreensão dos animais, produtos e subprodutos da fauna e flora, instrumentos, petrechos, equipamentos ou veículos de qualquer natureza utilizados na infração; destruição ou inutilização do produto; suspensão de venda e fabricação do produto; embargo de obra ou atividade; demolição de obra; suspensão total ou parcial de atividade, além da pena restritiva de direitos.

Em relação aos ilícitos penais, eles também estão regulados pela Lei nº 9.605, também denominada Lei de Crimes Ambientais. Além da pena privativa de liberdade e multa, estão previstas penas alternativas autônomas restritivas de direito. A Lei prevê, ainda, em seu artigo 3º, a responsabilidade penal das pessoas jurídicas.

Declara a CRFB/88 que os complexos ecossistemas, referidos no seu artigo 225, §4º, constituem patrimônio nacional, delineando o dispositivo as bases de uma política florestal para esses complexos arbóreos:

> §4º A Floresta Amazônica brasileira, a Mata Atlântica, a Serra do Mar, o Pantanal Mato-Grossense e a Zona Costeira são patrimônio nacional, e sua utilização far-se-á, na forma da lei, dentro de condições que assegurem a preservação do meio ambiente, inclusive quanto ao uso dos recursos naturais.

Ressalte-se que este dispositivo não transferiu para a União o domínio dessas áreas. O que constituinte fez foi impor ao legislador ordinário e ao Poder Público a adoção de medidas que diferenciem o tratamento patrimonial dessas áreas no contexto geral do território brasileiro. Nessas áreas ficam proibidas práticas predatórias, onde a utilização dos recursos naturais terá que ser racional.

Evidentemente, a proteção legal das florestas deve e precisa ser feita segundo critérios técnicos científicos de divisão regional estabelecida por biomas, regiões fitoecológicas e formações naturais de importância ecológica. Foi nesse sentido que a CRFB/88 qualificou essas áreas como patrimônio natural, sobrepondo o zoneamento ecológico às divisões territoriais político-administrativas previstas no Código Florestal (Lei nº 4.771, de 15 de setembro de 1965).

O conceito de patrimônio nacional é o de que a região é de domínio público, o que impõe a necessidade de norma regulamentadora do Estado para o uso dos recursos da região. O patrimônio nacional é de interesse difuso e coletivo, e seu uso deve estar subordinado ao interesse público.

Em relação aos ecossistemas qualificados pela CRFB/88 como patrimônio nacional — a Floresta Amazônica brasileira, a Mata Atlântica, a Serra do Mar, o Pantanal Mato-Grossense e a Zona Costeira, será feita uma breve abordagem de cada um deles.

4.1 Floresta Amazônica

A Floresta Amazônica é uma floresta tropical situada ao norte da América do Sul. Ocupa os territórios do Brasil, Peru, Bolívia, Colômbia, Equador, Venezuela, Guiana, Suriname e Guiana Francesa. É a maior floresta tropical do mundo.

A Amazônia brasileira tem sido alvo de desmate e depredação. A partir de 1964, o governo militar adotou o paradigma do desenvolvimento voltado para o crescimento e as exportações. Entre 1965 e 1974, o Programa de Integração Nacional visava ao desenvolvimento forçado da infraestrutura, com aberturas de rodovias, como a Transamazônica. Megaprojetos foram planejados como a Belém-Brasília, a Perimetral Norte, a Cuiabá-Santarém, a Cuiabá-Porto Velho e a Ferrovia Norte-Sul. Com o slogan "integrar para não entregar", 33 projetos foram desenvolvidos. As usinas hidrelétricas de Balbina e Tucuruí foram responsáveis pela morte de milhares de animais e a inundação de grandes áreas. O Projeto Carajás foi o responsável pela implantação de duas fábricas de alumínio, pela hidrelétrica de Tucuruí e pelo garimpo da Serra Pelada.

O Programa Polamazônia, na década de 1970, implantou polos de desenvolvimento com a repartição territorial da periferia. Nesta época surgiram fazendas de criação de gado, acelerando o desmatamento. Os empresários recebiam títulos de propriedade e incentivos fiscais para desmatar, criar empresas madeireiras e criar gado. Foram vinte e um milhões de hectares (ha) colocados à disposição dos industriais. Muitos pecuaristas usavam o desfolhante agente laranja[3] para o desmate.

A partir de 1980, iniciaram-se programas de desenvolvimento rural, segundo a estratégia de desenvolvimento do Banco Mundial. Projetos de mineração e industrialização no País tiveram como resultado o crescimento da dívida externa do Brasil por causa dos investimentos volumosos. Por outro lado, a ausência de reforma agrária provocou a migração de trabalhadores de todo o País para a Amazônia. O Estatuto da Terra (Lei nº 4.504, de 30 de novembro de 1964) e seus regulamentos estimularam a rápida ocupação da área, embora contenham em seu bojo preceitos de preservação do meio ambiente. Somente na Transamazônia previa-se o assentamento de milhares de nordestinos sob o lema "terra sem homens para homens sem terra". Apesar deste estímulo, o programa foi ao fracasso devido à baixa fertilidade da terra.

Várias populações indígenas foram dizimadas pelas indústrias. Só no final da década de 1980, com o programa *Nossa Natureza*, foram traçadas diretrizes para a preservação ambiental na Amazônia. A Floresta Amazônica não pôde mais ser usada para modelo de desenvolvimento predatório. Urge estruturar um sistema de preservação com

---

[3] "O Agente Laranja é uma mistura de dois herbicidas: o 2,4-D e o 2,4,5-T. Foi usado como desfolhante pelo exército norte-americano na Guerra do Vietnã. Ambos os constituintes do Agente Laranja tiveram uso na agricultura, principalmente o 2,4-D vendido até hoje em produtos como o *Tordon*." Disponível em: <http://pt.wikipedia.org/wiki/Agente_laranja>. Acesso em: 10 maio 2011.

a implementação de educação ambiental, proteção das comunidades indígenas e recuperação das áreas degradadas.

A Amazônia Legal abrange 61% do território nacional, estendendo-se pelos Estados do Amazonas, Amapá, Acre, Mato Grosso, oeste do Maranhão, Pará, Rondônia, Roraima e Tocantins, que possuem em seu território trechos da Floresta Amazônica, ocupando uma superfície de aproximadamente 5 milhões de km². Para realizar um estudo científico da região, foi criado, junto ao Ministério de Ciência e Tecnologia, o Instituto Nacional de Pesquisa Amazônica (INPE).

4.2 Pantanal Mato-Grossense

O Pantanal Mato-Grossense está localizado na bacia hidrográfica do rio Paraguai, que possui 1,3 milhões de quilômetros quadrados e é a segunda maior do Brasil depois da bacia do rio Amazonas. É a maior planície inundável do mundo e cobre uma extensão de 365.000 km², incluindo o cinturão de planalto em torno da planície.

A oeste se limita pelo rio Paraguai, ao sul pela Serra da Bodoquena, e a leste e ao norte pelos planaltos e chapadas. Possui grande diversidade biológica, grande variedade de microrrelevos e sofre inundações periódicas.

A interferência humana vem de tempos imemoriais, com as queimadas, a caça, a pesca e a agricultura dos povos indígenas; tendo o Pantanal sofrido, sobretudo, com a introdução do gado e a exploração das áreas florestais. Os europeus foram responsáveis pelo início da garimpagem de ouro e pedras preciosas. Além da pecuária e mineração, o crescimento urbano tem contribuído para sua devastação. Também o uso de agrotóxicos vem envenenando suas águas. O turismo chamado ecológico vem propiciando a pesca predatória.

4.3 Mata Atlântica

A Mata Atlântica cobria originalmente mais de um milhão de quilômetros quadrados distribuídos ao longo da costa brasileira. Declarado como patrimônio cultural pela CRFB/88, a Mata Atlântica está regulamentada pela Lei nº 11.428, de 22 de dezembro de 2006.

O art. 2º da referida Lei considera como integrantes do Bioma Mata Atlântica as formações florestais nativas e ecossistemas associados, com as respectivas delimitações estabelecidas em mapa do Instituto

Brasileiro de Geografia e Estatística (IBGE), conforme regulamento: Floresta Ombrófila Densa; Floresta Ombrófila Mista, também denominada de Mata de Araucárias; Floresta Ombrófila Aberta; Floresta Estacional Semidecidual; e Floresta Estacional Decidual, bem como os manguezais, as vegetações de restingas, campos de altitude, brejos interioranos e enclaves florestais do Nordeste.

A proteção e a utilização do Bioma Mata Atlântica têm por objetivo geral o desenvolvimento sustentável e, por objetivos específicos, a salvaguarda da biodiversidade, da saúde humana, dos valores paisagísticos, estéticos e turísticos, do regime hídrico e da estabilidade social.

Para a utilização da Mata Atlântica, impõe-se a observância dos princípios da função socioambiental da propriedade, da equidade intergeracional, da prevenção, da precaução, do usuário-pagador, da transparência das informações e atos, da gestão democrática, da celeridade procedimental, da gratuidade dos serviços administrativos prestados ao pequeno produtor rural e às populações tradicionais e do respeito ao direito de propriedade.

A proteção da Mata Atlântica, segundo a Lei, deve assegurar:

Art. 7º (...)

I - a manutenção e a recuperação da biodiversidade, vegetação, fauna e regime hídrico do Bioma Mata Atlântica para as presentes e futuras gerações;

II - o estímulo à pesquisa, à difusão de tecnologias de manejo sustentável da vegetação e à formação de uma consciência pública sobre a necessidade de recuperação e manutenção dos ecossistemas;

III - o fomento de atividades públicas e privadas compatíveis com a manutenção do equilíbrio ecológico;

IV - o disciplinamento da ocupação rural e urbana, de forma a harmonizar o crescimento econômico com a manutenção do equilíbrio ecológico.

4.4 Zona Costeira

A CRFB/88, no art. 225, §4º, dispõe que: "a Zona Costeira é patrimônio nacional e sua utilização far-se-á, na forma da lei dentro de condições que se assegurem a preservação do meio ambiente, inclusive quanto ao uso de recursos naturais". Zona Costeira (ZC) é o espaço geográfico de interação do ar, do mar, e da terra, incluindo seus recursos renováveis ou não, abrangendo uma faixa marítima e outra terrestre, que serão definidas pelo plano (art. 2º, parágrafo único, Lei nº 7.661/88).

O espaço conceituado como Zona Costeira ficou sujeito a um regime especial de autorização e de estudo de impacto, como também de conservação ambiental, segundo as prioridades estabelecidas na Lei nº 7.661/88 e no Plano Nacional de Gerenciamento Costeiro (PNGC). O PNGC é parte integrante da Política Nacional de Meio Ambiente e da Política Nacional para Recursos do Mar, e deverá visar à utilização racional dos recursos da Zona Costeira e a proteção do seu patrimônio natural histórico, ético e cultural, prevendo o seu zoneamento.

Enquanto os Planos Estaduais de Gerenciamento Costeiro não estabelecerem critérios para definição de sua Zona Costeira, fica valendo para a faixa marítima cinco milhas (11,1 km) sobre uma perpendicular contada a partir da Linha da Costa representada nas cartas de maior escala da Diretoria de Hidrografia e Navegação do Ministério da Marinha. As baías, estuários e ilhas costeiras deverão ser incluídos no espaço da faixa marítima da ZC. Para a faixa terrestre deverão ser incluídos vinte quilômetros sobre uma perpendicular, contados a partir da Linha da Costa, representada nas cartas de maior escala da Diretoria de Hidrografia e Navegação do Ministério da Marinha.

Consoante o artigo 20 da CRFB/88, as praias são bens públicos de uso comum do povo, sendo assegurado livre e franco acesso a elas e ao mar, em qualquer direção ou sentido, ressalvados os trechos considerados de segurança nacional ou incluídos em áreas protegidas por lei. As praias das ilhas também se incluem neste dispositivo, ainda que ocupadas por particulares. O livre acesso às praias pode ser por terra, mar ou ar.

O mar territorial brasileiro, segundo a Lei nº 8.617, de 04 de janeiro de 1993, compreende uma faixa de doze milhas marítimas de largura, medidas a partir da linha de baixo-mar do litoral continental e insular brasileiro, tal como indicada nas cartas náuticas de grande escala, reconhecidas oficialmente no Brasil. A zona contígua compreende uma faixa que se estende das doze às vinte e quatro milhas marítimas, e nelas o Brasil poderá tomar todas as medidas de fiscalização necessárias ao cumprimento das leis.

Já a zona econômica exclusiva brasileira compreende uma faixa que se estende das doze às duzentas milhas marítimas, contadas a partir das linhas de base que servem para medir a largura do mar territorial. Nesta zona, o Brasil tem direitos de soberania para fins de exploração, aproveitamento, conservação e gestão dos recursos naturais, além do direito exclusivo de regulamentar a investigação científica.

O Código das Águas, Decreto nº 24.643, de 10 de julho de 1934, dispõe que as águas do mar territorial são públicas de uso comum (artigo 2º, alínea 'a'), inclusive para a passagem inocente de navios estrangeiros. Mas qualquer navio no mar territorial sujeita-se aos regulamentos nacionais destinados a garantir a paz, a ordem e a segurança, bem como a evitar a poluição de suas águas e o dano a seus recursos naturais.

O Capítulo do Meio Ambiente na CRFB/88 também trata das terras devolutas, consideradas como todas aquelas que, pertencentes ao domínio público de qualquer das entidades estatais, não se acham utilizadas pelo Poder Público, nem destinadas a fins administrativos específicos, dispondo ainda que: "§5º São indisponíveis as terras devolutas ou arrecadadas pelo Estado, por ações discriminatórias à proteção dos ecossistemas naturais".

Segundo a Lei Imperial nº 601, de 18 de setembro de 1850, tais terras constituem bens públicos patrimoniais ainda não utilizados pelos respectivos proprietários. A Constituição de 1891 transferiu esses bens aos estados-membros, e alguns destes aos municípios. Já a CRFB/88, em seu artigo 20, inciso II, dispõe que as terras devolutas declaradas, por lei, indispensáveis à segurança nacional, são de domínio da União. O deslinde das terras se faz por meio de ação discriminatória, que chama os interessados a exibirem os títulos de propriedade para julgar o domínio e a demarcação para fins de registro.

A descoberta da energia atômica e o seu aproveitamento para fins bélicos ou pacíficos criaram a necessidade de normatização da matéria, que foi assim disposta na CRFB/88, artigo 225, §6º: "As usinas que operam com reator nuclear deverão ter sua localização definida em lei federal, sem o que não poderão ser instaladas".

Também o artigo 21 da Carta Magna aborda o uso da energia nuclear, definindo, em seu inc. XXIII, que compete à União:

XXIII - explorar os serviços e instalações nucleares de qualquer natureza e exercer monopólio estatal sobre a pesquisa, a lavra, o enriquecimento e reprocessamento, a industrialização e o comércio de minérios nucleares e seus derivados, atendidos os seguintes princípios e condições:

a) toda atividade nuclear em território nacional somente será admitida para fins pacíficos e mediante aprovação do Congresso Nacional;

b) sob regime de permissão, são autorizadas a comercialização e a utilização de radioisótopos para a pesquisa e usos médicos, agrícolas e industriais; (*Redação dada pela Emenda Constitucional nº 49, de 2006*)

c) sob regime de permissão, são autorizadas a produção, comercialização e utilização de radioisótopos de meia-vida igual ou inferior a duas horas; (*Redação dada pela Emenda Constitucional nº 49, de 2006*)

d) a responsabilidade civil por danos nucleares independe da existência de culpa; *(Incluída pela Emenda Constitucional nº 49, de 2006)*

Os radioisótopos preexistentes na natureza são elementos radioativos naturais, como o urânio, o tório, o radium, o índio, o actíneo, o netunium e outros, podendo ser empregados na produção de energia, bem como nas áreas da biologia, tecnologia e na medicina. Os radioisótopos emitem radiações continuadamente. A energia nuclear e as fontes radioativas, mesmo as usadas para fins terapêuticos e agrícolas, podem ser catastróficas para a saúde e o meio ambiente em caso de desastres ou quando mal empregadas. O lixo atômico poderá ser uma ameaça permanente à vida animal e vegetal.

A responsabilidade penal em matéria nuclear é regida por normas previstas na Lei nº 9.605, de 12 de fevereiro de 1998. A referida Lei incrimina o processamento, a embalagem, a importação, a comercialização, o fornecimento, o transporte, a armazenagem, a guarda, ter em depósito ou usar produto ou substância nuclear ou radioativa. Admite a Lei a modalidade culposa.

CAPÍTULO 5

POLÍTICA NACIONAL DO MEIO AMBIENTE

5.1 Da Política Nacional do Meio Ambiente

A Política Nacional de Meio Ambiente (PNMA) foi instituída pela Lei nº 6.938, de 31 de agosto de 1981, que veio estabelecer seus mecanismos de formulação e aplicação, constituiu o Sistema Nacional do Meio Ambiente (SISNAMA) e instituiu o Cadastro de Defesa Ambiental (Redação dada pela Lei nº 8.028, de 1990).

A PNMA tem por objetivo a preservação, melhoria e recuperação da qualidade ambiental propícia à vida, visando assegurar, no País, condições ao desenvolvimento socioeconômico, aos interesses da segurança nacional e à proteção da dignidade da vida humana. A política ambiental deve prever um planejamento do uso dos recursos naturais a fim de proteger os ecossistemas, bem como racionalizar, controlar e recuperar as áreas degradadas. Para alcançar seus objetivos, deve criar programas de educação ambiental, acompanhamento e monitoramento da qualidade ambiental.

Para os fins da referida lei, meio ambiente é o conjunto de condições, leis, influências e interações de ordem física, química e biológica, que permite, abriga e rege a vida em todas as suas formas. Por degradação da qualidade ambiental entende-se a alteração adversa das características do meio ambiente. Já poluição é a degradação da qualidade ambiental resultante de atividades que direta ou indiretamente prejudiquem a saúde, a segurança e o bem-estar da população; criem condições adversas às atividades sociais e econômicas; afetem desfavoravelmente a biota; afetem as condições estéticas ou sanitárias do meio ambiente; ou que lancem neste matéria ou energia em desacordo com os padrões ambientais estabelecidos. Por fim, poluidor é a pessoa física ou jurídica, de direito público ou privado, responsável, direta ou indiretamente, pela poluição.

5.2 Objetivos

Os objetivos da PNMA estão previstos no art. 4º da Lei nº 6.938/81:

Art. 4º A Política Nacional do Meio Ambiente visará:

I - à compatibilização do desenvolvimento econômico-social com a preservação da qualidade do meio ambiente e do equilíbrio ecológico;

II - à definição de áreas prioritárias de ação governamental relativa à qualidade e ao equilíbrio ecológico, atendendo aos interesses da União, dos Estados, do Distrito Federal, dos Territórios e dos Municípios;

III - ao estabelecimento de critérios e padrões de qualidade ambiental e de normas relativas ao uso e manejo de recursos ambientais;

IV - ao desenvolvimento de pesquisas e de tecnologias nacionais orientadas para o uso racional de recursos ambientais;

V - à difusão de tecnologias de manejo do meio ambiente, à divulgação de dados e informações ambientais e à formação de uma consciência pública sobre a necessidade de preservação da qualidade ambiental e do equilíbrio ecológico;

VI - à preservação e restauração dos recursos ambientais com vistas à sua utilização racional e disponibilidade permanente, concorrendo para a manutenção do equilíbrio ecológico propício à vida;

VII - à imposição, ao poluidor e ao predador, da obrigação de recuperar e/ou indenizar os danos causados e, ao usuário, da contribuição pela utilização de recursos ambientais com fins econômicos.

A competência para cuidar do meio ambiente é comum, conforme dispõe o artigo 23 da CRFB/88. Para exercer a competência comum, a Lei instituiu o Sistema Nacional do Meio Ambiente (SISNAMA).

Compõem o SISNAMA: como órgão superior, o Conselho de Governo; como órgão consultivo e deliberativo, o Conselho Nacional do Meio Ambiente (CONAMA); como órgão central, o Ministério do Meio Ambiente; como órgão executor, o Instituto Brasileiro do Meio Ambiente e dos Recursos Naturais Renováveis (IBAMA); como órgãos seccionais, os órgãos estaduais responsáveis pela execução de programas e projetos de controle de atividades potencialmente poluidoras; como órgãos locais, os responsáveis pelo controle e fiscalização do meio ambiente e entidades estaduais de meio ambiente. Enquanto não se aprovar uma lei complementar dispondo sobre a divisão de competências, estas se definirão pelo que norteia a Resolução CONAMA nº 237/97. É através do poder de polícia que o Poder Público protege o meio ambiente. O poder de polícia é faculdade inerente ao Estado. Essa faculdade constitui-se no atributo de que é dotado o Estado de limitar e restringir o uso da propriedade, das liberdades e atividades dos particulares individualmente considerados, em benefício da coletividade.

5.3 Instrumentos

Os instrumentos previstos na Lei nº 6.938/81, para a execução da Política Nacional de Meio Ambiente, são:

Art. 9º São instrumentos da Política Nacional do Meio Ambiente:

I - o estabelecimento de padrões de qualidade ambiental;

II - o zoneamento ambiental;

III - a avaliação de impactos ambientais;

IV - o licenciamento e a revisão de atividades efetiva ou potencialmente poluidoras;

V - os incentivos à produção e instalação de equipamentos e a criação ou absorção de tecnologia, voltados para a melhoria da qualidade ambiental;

VI - a criação de espaços territoriais especialmente protegidos pelo Poder Público federal, estadual e municipal, tais como áreas de proteção ambiental, de relevante interesse ecológico e reservas extrativistas;

VII - o sistema nacional de informações sobre o meio ambiente;

VIII - o Cadastro Técnico Federal de Atividades e Instrumentos de Defesa Ambiental;

IX - as penalidades disciplinares ou compensatórias ao não cumprimento das medidas necessárias à preservação ou correção da degradação ambiental;

X - a instituição do Relatório de Qualidade do Meio Ambiente, a ser divulgado anualmente pelo Instituto Brasileiro do Meio Ambiente e Recursos Naturais Renováveis – IBAMA;

XI - a garantia da prestação de informações relativas ao Meio Ambiente, obrigando-se o Poder Público a produzi-las, quando inexistentes;

XII - o Cadastro Técnico Federal de atividades potencialmente poluidoras e/ou utilizadoras dos recursos ambientais.

XIII - instrumentos econômicos, como concessão florestal, servidão ambiental, seguro ambiental e outros.

5.4 Padrões ambientais

O estabelecimento de padrões ambientais é um dos instrumentos da Política Nacional de Meio Ambiente, por força do art. 9º da Lei nº 6.938/81. Assim, existem padrões de qualidade do ar, da água, da emissão de sons, etc.

Os padrões da qualidade do ar são estabelecidos em função da qualidade de partículas em suspensão, ou da quantidade de dióxido de enxofre, ou do monóxido de carbono, ou de oxidantes fotoquímicos, medidos em microgramas por metro cúbico em determinado tempo. O CONAMA criou dois programas para cuidar do assunto: o Programa de Controle da Poluição do Ar por Veículos Automotores (PRON-COVE) e o Programa de Controle da Qualidade do Ar (PRONAR). O PRONAR criou dois tipos de padrão de qualidade do ar: os primários e os secundários.

Padrões primários de qualidade do ar são as concentrações de poluentes que, se ultrapassadas, poderão afetar a saúde da população. Padrões secundários da qualidade são as concentrações de poluentes abaixo das quais se prevê o mínimo efeito adverso sobre o bem-estar da população, assim como o mínimo dano à fauna, à flora, aos materiais e ao meio ambiente em geral. O monitoramento da qualidade do ar é atribuição dos Estados. Os métodos de referência para a medição são os aprovados pelo Instituto Nacional de Metrologia, Normalização e Qualidade Industrial (INMETRO) e, na ausência dele, os recomendados pelo IBAMA como os mais adequados. Os níveis toleráveis de poluição estão fixados na Resolução CONAMA nº 003/90.

A referida resolução estabelece, ainda, níveis de atenção, de alerta e de emergência para a elaboração do Plano de Emergência para Episódios Críticos de Poluição do Ar, quando se verificar a presença de alta concentração de poluentes na atmosfera em curto período de tempo, devido a ocorrências meteorológicas desfavoráveis à dispersão dos mesmos.

Os padrões de qualidade da água estão fixados na Resolução CONAMA nº 20/86. Por ela as águas são classificadas em doces (salinidade igual ou superior a 0,50‰ e 30,0%), salinas (salinidade igual ou superior a 30‰) e salobras (salinidade igual ou inferior a 0,5% e 30‰). Segundo o uso predominante de cada uma delas, os órgãos competentes deverão estabelecer programas de controle da poluição hídrica. A destinação se refere, por exemplo, a abastecimento doméstico, proteção das comunidades aquáticas, recreação, irrigação de hortaliças, criação natural, navegação, harmonia paisagística etc.

A divisão em classes de 1 a 8 considera, ainda, o tratamento sofrido pelas águas para fixar os padrões. Existe o tratamento simplificado e o convencional. Os métodos de coleta e análise das águas devem ser os especificados nas normas aprovadas pelo INMETRO. No caso de poluição por garimpagem, os níveis da concentração de mercúrio por litro de água estão fixados na Portaria nº 3/75 da Secretaria do Meio Ambiente (SEMA).

A emissão de ruídos, em decorrência de quaisquer atividades industriais, comerciais, sociais ou recreativas, inclusive as de propaganda política, obedecerá, no interesse da saúde e do sossego público, aos padrões, critérios e diretrizes da Resolução CONAMA nº 001/90, que adota aqueles aceitáveis pela NBR nº 10.151/2000 – Níveis de Ruído para Conforto Acústico, e pela NBR nº 10.152/2000 – Avaliação do Ruído em Áreas Habitadas, ambas as normas fixadas pela Associação Brasileira de Normas Técnicas (ABNT). Os padrões para a emissão de ruídos por veículos automotores estão fixados na Resolução CONAMA nº 001/93. O Estado de Minas Gerais adota a NB nº 95/66 da ABNT – Ruídos Aceitáveis. No estabelecimento de padrões municipais de poluição sonora são levados em conta o zoneamento ambiental e a Lei de Uso e Ocupação do Solo.

5.5 Estudo de Impacto Ambiental - EIA/RIMA

Impacto ambiental é qualquer alteração das propriedades físicas, químicas e biológicas do meio ambiente, causada por qualquer forma de matéria ou energia resultante das atividades humanas que, direta ou indiretamente, afetam:

I - a saúde; a segurança e o bem-estar da população;
II - as atividades socioeconômicas;
III - a biota;
IV - as condições estéticas e sanitárias do meio ambiente; e
V - a qualidade dos recursos ambientais.

O Estudo de Impacto Ambiental (EIA) é um estudo das prováveis modificações nas diversas características socioeconômicas e biofísicas do meio ambiente que podem resultar de um projeto proposto. O EIA surgiu nos EUA. Em 1969 foi exportado para o mundo inteiro, quando o Congresso americano aprovou o National Environmental Protection Act (NEPA).

Em 1975, um grupo de 34 países do Terceiro Mundo elaborou um documento de proteção ao meio ambiente aprovado pela Assembleia

Geral das Nações Unidas, em que o EIA ficou previsto. O Brasil manifestou-se contrário à realização de EIA naquela época. A Diretiva da Comunidade Econômica Europeia n⁰ 85/337, de 27 de junho de 1985, previu um EIA que em muito se assemelha ao NEPA norte-americano. No Brasil, o EIA foi introduzido pela Lei n⁰ 6.803, de 03 de julho de 1980, que dispõe sobre o zoneamento industrial nas áreas críticas de poluição. Posteriormente, a Lei n⁰ 6.938, de 31 de agosto de 1981, que traça a Política Nacional de Meio Ambiente, incluiu entre os seus instrumentos a avaliação de impactos ambientais. Somente em 1986, o CONAMA, através de sua Resolução n⁰ 001/86, regulamentou o EIA.

Além do EIA, esta lei também prevê o Relatório de Impacto Ambiental (RIMA), que é um resumo do EIA. O RIMA reflete as conclusões do EIA e faz uma síntese do diagnóstico ambiental da área, além de indicar a alternativa mais favorável.

O art. 2⁰ da Resolução CONAMA n⁰ 001/86 enumera 18 casos em que o licenciamento de atividades modificadoras do meio ambiente depende de elaboração do EIA/RIMA. Como exemplos citam-se: estradas de rodagem com 2 ou mais faixas de rolamento; ferrovias; portos e terminais de minério, petróleo e produtos químicos; aeroportos; oleodutos, gasodutos, minerodutos, troncos, coletores e emissários de esgotos sanitários; linhas de transmissão de energia elétrica acima de 230kW; obras hidráulicas para exploração de recursos hídricos; extração de combustível fóssil; extração de minério; aterros sanitários, processamento e destino final de resíduos tóxicos ou perigosos; usinas de geração de eletricidade; complexos e unidades industriais e agroindustriais; distritos industriais e zonas estritamente industriais; exploração econômica de madeira ou lenha em áreas acima de 100 hectares, projetos urbanísticos acima de 100 hectares, etc.

O EIA terá que contemplar todas as alternativas tecnológicas e de localização do projeto; identificar e avaliar os impactos ambientais gerados nas fases de implantação e operação; definir as áreas de influência do projeto e considerar a sua compatibilidade com os programas governamentais. No diagnóstico ambiental deve ser considerado tanto o meio ambiente como o meio biológico e o meio socioeconômico.

O EIA deverá ser realizado por uma equipe multidisciplinar habilitada, que não dependa do proponente do projeto e que será a responsável pelo resultado do estudo. Ao proponente caberão os custos do EIA. A habilitação da equipe multidisciplinar se dá com a inscrição de seus membros no cadastro técnico federal de atividades, sob a égide do IBAMA. Somente são aceitos EIA cujos colaboradores sejam profissionais, empresas ou sociedades civis devidamente registradas.

A inexistência de vínculo com o proponente é para que os técnicos não sofram pressão deste. Mesmo assim já houve casos em que o proponente, através de contrato, condicionou o pagamento do EIA/RIMA à aceitação do projeto pelo órgão ambiental.

O RIMA deverá conter as conclusões do EIA e traduzir as informações em linguagem acessível, ilustradas por mapas, cartas, quadros, gráficos e demais técnicas de comunicação visual. Respeitado o sigilo industrial, o resultado do RIMA é acessível ao público.

O EIA e o RIMA obedecem a dois princípios: o da publicidade e o da participação popular. Ele é, portanto, um instrumento fundamental da Política Nacional de Meio Ambiente e do controle da qualidade de vida.

5.6 Zoneamento ambiental

O zoneamento ambiental consiste em instituir zonas de preservação destinadas à melhoria ou recuperação da qualidade ambiental. Foi instituído pela Lei nº 6.938/81, artigo 9º, inciso II. Seu objetivo é a criação de áreas especiais para proteger o meio ambiente.

Nas unidades de conservação, certas atividades podem ser limitadas ou proibidas. Cada tipo de área sofre restrições de uso maiores ou menores, de acordo com a legislação específica.

5.7 Licença ambiental

O licenciamento ambiental tem por fim garantir que o meio ambiente seja preservado por ocasião da instalação ou do funcionamento dos empreendimentos com potencial poluidor. O conceito mais completo de licenciamento ambiental pode ser apreendido pela leitura do artigo 1º da Resolução CONAMA nº 237/97:

Art. 1º Para efeito desta Resolução são adotadas as seguintes definições:

I - Licenciamento Ambiental: procedimento administrativo pelo qual o órgão ambiental competente licencia a localização, instalação, ampliação e a operação de empreendimentos e atividades utilizadoras de recursos ambientais, consideradas efetiva ou potencialmente poluidoras ou daquelas que, sob qualquer forma, possam causar degradação ambiental, considerando as disposições legais e regulamentares e as normas técnicas aplicáveis ao caso.

II - Licença Ambiental: ato administrativo pelo qual o órgão ambiental competente estabelece as condições, restrições e medidas de controle ambiental que deverão ser obedecidas pelo empreendedor, pessoa física ou jurídica, para localizar, instalar, ampliar e operar empreendimentos ou atividades utilizadoras dos recursos ambientais consideradas efetiva ou potencialmente poluidoras ou aquelas que, sob qualquer forma, possam causar degradação ambiental.

O licenciamento ambiental é um processo administrativo que tramita no órgão ambiental competente para conceder a licença. O processo de licenciamento possui várias fases nas quais é verificada a viabilidade ambiental do projeto e culmina com a concessão da licença ambiental.

Em relação à licença ambiental, o inciso II do referido artigo dispõe:

> Art. 1º (...)
>
> II - Licença Ambiental: ato administrativo pelo qual o órgão ambiental competente, estabelece as condições, restrições e medidas de controle ambiental que deverão ser obedecidas pelo empreendedor, pessoa física ou jurídica, para localizar, instalar, ampliar e operar empreendimentos ou atividades utilizadoras dos recursos ambientais consideradas efetiva ou potencialmente poluidoras ou aquelas que, sob qualquer forma, possam causar degradação ambiental.

As licenças são exigidas para empreendimentos e atividades que se enquadrem em pelo menos um dos seguintes requisitos: utilizarem recursos ambientais e serem capazes de causar degradação ambiental. A Resolução CONAMA nº 237/97 listou os tipos de atividades e empreendimentos que necessitam de licença ambiental.

A repartição da competência da gestão ambiental está prevista na CRFB/88. Tramita no Congresso Nacional o PLP nº 12, de 2003, que fixa normas para a cooperação entre a União, os Estados, o Distrito Federal e os Municípios no que se refere às competências comuns previstas nos incisos VI e VII do art. 23 da CRFB/88, que irá substituir a referida resolução, que não é o instrumento jurídico adequado para regulamentar a divisão de competências. Para alguns casos, o PLP nº 12 prevê a formação de uma comissão tripartite nacional ou bipartite formada por representantes dos Poderes Executivos da União, Estados, Distrito Federal e Municípios.

A competência comum é uma inovação da CRFB de 1988. A competência administrativa se divide em competência administrativa exclusiva (aquela que pode ser exercida somente pelo ente designado) e competência administrativa comum (aquela que pode ser exercida por todos os entes federativos). O meio ambiente é de competência comum. A repartição de competências segue a regra geral da predominância de interesse. Segundo esse princípio, cabem à União as matérias de interesse predominantemente geral; ao Estado, as matérias predominantemente de interesse regional e dos Municípios; e aos Municípios, as matérias de interesse local.

O *caput* do artigo 225 da CRFB/88 declara que o meio ambiente, no Brasil, é bem de uso comum do povo; portanto, ninguém, individualmente, tem direito subjetivo a ele. Por essa razão, é necessária a permissão do Poder Público para o exercício de qualquer atividade que possa degradar o meio ambiente, ou para a construção de obras e empreendimentos que utilizem os recursos naturais, estando tais atividades subordinadas à legislação em vigor.

A Lei nº 6.938/81, em seu artigo 10, estabeleceu o licenciamento prévio como um dos instrumentos da Política Nacional do Meio Ambiente. O artigo 18 do Decreto nº 88.351/83, que a regulamentou, dispõe que a construção, instalação, ampliação e funcionamento de estabelecimento de atividades utilizadoras de recursos ambientais, consideradas efetiva ou potencialmente poluidoras, bem como empreendimentos capazes, sob qualquer forma, de causar degradação ambiental, dependerão de prévio licenciamento do órgão estadual competente, integrante do Sistema Nacional do Meio Ambiente, sem prejuízo de outras licenças legalmente exigíveis.

A referência a outras licenças exigíveis se prende às licenças municipais de obras, edificação, localização e funcionamento.

5.7.1 Tipos de licença ambiental

Estão previstas no regime da Lei nº 6.938/81 as seguintes espécies de licenças:

I - Licença Prévia (LP), na fase preliminar de planejamento da atividade, contendo os requisitos básicos a serem atendidos nas fases de localização, instalação e operação, observados os planos municipais, estaduais ou federal de uso do solo;

II - Licença de Instalação (LI), autorizando o início da implantação, de acordo com as especificações constantes do projeto executivo aprovado;

III - Licença de Operação (LO), autorizando, após as verificações necessárias, o início da atividade licenciada e o funcionamento de seus equipamentos de controle de poluição, de acordo com o previsto nas Licenças Prévias e de Instalação. Os pedidos de licenciamento, sua renovação e a respectiva concessão deverão ser publicados no jornal oficial. A referida lei, ao prever a revisão do licenciamento, implicitamente indicou que a autorização não é por tempo indeterminado. Ela decai se o requerente não cumprir as condições impostas por ela. O descumprimento das medidas necessárias à preservação ou correção dos inconvenientes causados ao ambiente ou a ocorrência de fato grave para a saúde pública podem motivar a revogação da autorização ou a suspensão ou redução da atividade. Estas últimas são medidas preliminares da interdição do estabelecimento, que por sua vez é a preliminar do fechamento do estabelecimento. No caso do funcionamento sem licença, o estabelecimento faltoso deve ser fechado.

5.7.2 Sanções administrativas

As sanções administrativas, além das leis específicas, estão previstas na Lei nº 9.605, de 12 de fevereiro de 1998, que dispõe sobre sanções penais e administrativas derivadas de condutas e atividades lesivas ao meio ambiente. São elas: advertência; multa simples; multa diária; apreensão dos animais, produtos e subprodutos da fauna e flora, instrumentos, petrechos, equipamentos ou veículos de qualquer natureza utilizados na infração; destruição ou inutilização do produto; suspensão de venda e fabricação do produto; embargo de obra ou atividade; intervenção em estabelecimento; e restritivas de direitos. Se o infrator cometer, simultaneamente, duas ou mais infrações, ser-lhe-ão aplicadas, cumulativamente, as sanções a elas cominadas.

5.8 Licenças urbanísticas

As licenças administrativas destinadas ao disciplinamento da atuação dos interessados nas propriedades localizadas nos espaços urbanos ou a ele equiparáveis são denominadas licenças urbanísticas.

A licença urbanística possui, também, caráter vinculado. Ao conceder a licença urbanística, o Poder Público Municipal reconhece um direito preexistente, decorrente do preenchimento dos requisitos definidos por ele. A licença pressupõe a existência de um direito subjetivo privado. Ela possui caráter de ordenação urbanística.

Sob um aspecto, a licença urbanística limita o direito de propriedade para que esta cumpra sua função social. Por outro lado, ela visa compatibilizar o projeto licenciado com o ordenamento da cidade. Entre as licenças urbanísticas a serem comentadas enumeramos:
- Licença de parcelamento do solo (lotear e desmembrar);
- Licença edilícia (edificar, reformar, reconstruir e demolir);
- Licença para habitar;
- Licença para funcionamento;
- Licença para localização; e
- Licença ambiental.

5.8.1 Licença de parcelamento e loteamento

Buscaremos os conceitos gerais de parcelamento e loteamento na Lei nº 6.766/79, que dispõe sobre o parcelamento do solo urbano e no Código de Edificações de Belo Horizonte. Embora existam projetos de lei tramitando na Câmara de Deputados para alterar a Lei nº 6.766/79, ela ainda está em vigor. A licença de parcelamento do solo é dada pelo Município, que, mediante processo, autoriza sua divisão ou redivisão em parcelas destinadas ao exercício das funções urbanísticas. Ela ocorre em glebas, ou seja, áreas ainda não urbanizadas com arruamento ou loteamento.

O parcelamento do solo urbano poderá ser feito mediante loteamento ou desmembramento, observadas as disposições da referida lei e as das legislações estaduais e municipais pertinentes.

Loteamento é a subdivisão de gleba em lotes destinados à edificação, com abertura de novas vias de circulação, de logradouros públicos ou prolongamento, modificação ou ampliação das vias existentes. Desmembramento é a subdivisão de gleba em lotes destinados à edificação, com aproveitamento do sistema viário existente, desde que não implique a abertura de novas vias e logradouros públicos, nem no prolongamento, modificação ou ampliação dos já existentes.

O plano a ser aprovado deve incluir as ações de arruamento, loteamento, desmembramento, parcelamento, desdobro do lote ou reparcelamento.

CAPÍTULO 6

RESPONSABILIDADE CIVIL POR DANOS AMBIENTAIS

6.1 Conceito

A responsabilidade civil é aquela que impõe ao infrator a obrigação de ressarcir o prejuízo causado por sua conduta ou atividade.

6.2 Fundamentos jurídicos

Os fundamentos jurídicos da responsabilidade por dano ambiental se encontram na CRFB/88 e na Lei nº 6.938/81:

CRFB/88:

Art. 225. (...)

§3º As condutas e atividades consideradas lesivas ao meio ambiente sujeitarão os infratores, pessoas físicas ou jurídicas a sanções penais e administrativas, independentemente da obrigação de reparar o dano.

Lei nº 6.938/81:

Art. 14. (...)

§1º Sem prejuízo das penas administrativas previstas nos incisos do artigo, o poluidor é obrigado, independentemente de culpa, a indenizar ou reparar os danos causados ao meio ambiente e a terceiro, afetados por sua atividade.

No Direito brasileiro, a regra geral adotada pelo Código Civil (CC) é a responsabilidade subjetiva. O referido diploma prevê a responsabilidade subjetiva, fundamentada no ato ilícito e na teoria da culpa (artigo 186).

O novo Código Civil brasileiro de 2002 (CC/02) introduziu a responsabilidade objetiva fundamentada no abuso de direito caracterizado na lei como ato ilícito (artigo 187) e nos casos especificados em lei e quando a atividade implicar risco. O CC/02 veio dar respaldo legal à teoria do risco, pois vivemos hoje em uma sociedade de risco. Se alguém introduz na sociedade uma atividade de risco ou perigo para o meio ambiente ou terceiros, deve responder pelos danos causados a partir desse risco criado.

Entretanto, como citado anteriormente, coube à Lei nº 6.938/81 dar o adequado tratamento jurídico à responsabilidade por dano ambiental, instituindo o princípio do poluidor-pagador e determinando a responsabilidade objetiva pelo dano ambiental.

Em seu artigo 225, §3º, a CRFB/88 recepcionou a Lei de Política Nacional do Meio Ambiente, agasalhando a responsabilidade civil do agente causador do dano ambiental.

A CRFB/88 também constitucionalizou a responsabilidade objetiva no caso de danos nucleares de mineradoras, assim como a responsabilidade civil do Estado nesses casos. No caso de dano nuclear, o art. 21, inc. XXIII, alínea 'd' da CRFB/88, é claro: "a responsabilidade por danos nucleares independe da existência de culpa".

No ordenamento jurídico brasileiro, o regime da responsabilidade objetiva está expresso nas seguintes leis: Lei nº 6.543, de 17 de outubro de 1977, que dispõe sobre a responsabilidade civil por danos nucleares e a responsabilidade criminal por atos relacionados com atividades nucleares; Lei nº 10.406, de 10 de janeiro de 2002, que instituiu o Código Civil brasileiro; Lei nº 11.105, de 24 de março de 2005, que dispõe sobre a Política Nacional de Biossegurança (PNB); e a Lei nº 12.305, de 02 de agosto de 2010, que instituiu a Política Nacional de Resíduos Sólidos.

Código Civil (2002):

Art. 927. Aquele que, por ato ilícito (arts. 186 e 187), causar dano a outrem, fica obrigado a repará-lo.

Parágrafo único. Haverá obrigação de reparar o dano, independentemente de culpa, nos casos especificados em lei, ou quando a atividade normalmente desenvolvida pelo autor do dano implicar, por sua natureza, risco para os direitos de outrem.

Lei nº 11.105/05:

Art. 20. Sem prejuízo da aplicação das penas previstas nesta Lei, os responsáveis pelos danos ao meio ambiente e a terceiros responderão, solidariamente, por sua indenização ou reparação integral, independentemente da existência de culpa.

Lei nº 12.305/10:

Art. 51. Sem prejuízo da obrigação de, independentemente da existência de culpa, reparar os danos causados, a ação ou omissão das pessoas físicas ou jurídicas que importe inobservância aos preceitos desta Lei ou de seu regulamento sujeita os infratores às sanções previstas em lei, em especial às fixadas na Lei nº 9.605, de 12 de fevereiro de 1998, que "dispõe sobre as sanções penais e administrativas derivadas de condutas e atividades lesivas ao meio ambiente, e dá outras providências", e em seu regulamento.

Resta claro, pois, que a responsabilidade por dano ambiental é objetiva. Para a responsabilização do agente, basta a prova da ocorrência do dano e da existência de nexo causal entre o dano e o resultado. Quando o dano é causado por mais de um autor, a responsabilidade é solidária.

Outra questão que pode suscitar dúvida é a responsabilidade do profissional que trabalha com as questões ambientais. Ensina Édis Milaré que:

(...) não há se cogitar de responsabilidade objetiva dos profissionais que, por falha humana ou técnica, tenham colaborado para o desencadeamento do evento danoso, mesmo porque isso implicaria investigação de conduta culposa, circunstância que não se afeiçoa com o sistema da objetividade, que rege a matéria ambiental. Fica ressaltado que o empreendedor, é claro, pode voltar-se regressivamente contra o causador do dano, alcançando inclusive o profissional que eventualmente tenha se excedido ou se omitido no cumprimento da tarefa a ele cometida.

6.3 Teorias da responsabilidade objetiva por dano ambiental

Há duas teorias que definem a responsabilidade por dano ambiental: a teoria do risco integral e a teoria do risco criado.

A teoria do risco integral consagra a inexistência de qualquer tipo de exclusão da responsabilidade (incluindo caso fortuito ou força maior), e determina a ausência de limitação no tocante ao valor da indenização, bem como a solidariedade da responsabilidade. Além da prescindibilidade da culpa, para a responsabilidade objetiva sob a ótica da teoria do risco integral, a licitude da atividade é irrelevante. Se houver lesão ao meio ambiente, a licitude da atividade não é levada em conta. Já a teoria do risco criado, ao contrário, admite a possibilidade de se levar em conta excludentes de responsabilidade. Se o risco é criado pela conduta perigosa do agente, impõe-se ao mesmo a obrigação de agir preventivamente e de reparar qualquer dano causado.

A maioria dos doutrinadores no Brasil defende a aplicação da teoria do risco integral ao dano ambiental. A teoria do risco integral ficou efetivamente vinculada à tutela ambiental. Basta apurar se houve o dano, sem necessidade de indagar como nem por que ele ocorreu.

O dano ambiental deve ser medido por sua extensão, impondo-se a reparação integral. O responsável pela reparação do dano é o poluidor, pessoa física ou jurídica de Direito Público ou Direito Privado, responsável, direta ou indiretamente, pelo dano causado.

6.3.1 Responsabilidade por dano nuclear

Quando se trata de dano nuclear, aplica-se a Lei nº 6.453/77, que estabelece a responsabilidade civil por danos nucleares. Reza o artigo 4º da referida lei que é de exclusiva responsabilidade do operador nuclear, independentemente de culpa, em caso de danos provocados por acidente nuclear.

O Brasil é signatário da *Convenção de Viena sobre Responsabilidade Civil por Danos Nucleares*, adotada em Viena, em 21 de maio de 1963, durante a Conferência Internacional sobre Responsabilidade Civil por Danos Nucleares. O Decreto nº 911, de 03 de setembro de 1993, que promulgou a Convenção, dispõe que ela deve ser cumprida integralmente. Em virtude disso, o Brasil, em sua legislação interna, prevê a responsabilidade objetiva do operador pelo dano nuclear e o montante de um seguro para a cobertura do dano.

O artigo 1, item 1, da referida convenção, conceitua "operador" e "Estado da Instalação" da seguinte forma:

ARTIGO I

1. Para os fins da presente Convenção: (...)

c) "Operador", com respeito a uma instalação nuclear, significa a pessoa designada pelo Estado da Instalação ou reconhecida como operador;

d) "Estado da Instalação", no tocante a uma instalação nuclear, significa ou a Parte Contratante em cujo território a instalação tem sede ou, caso não se situe em território de nenhum estado, a Parte Contratante que opere a instalação nuclear ou que tenha autorizado sua operação; (...). (BRASIL, 1993)

A responsabilidade civil pelo dano nuclear é, por expressa disposição legal, baseada na teoria do risco criado. Em seu artigo 6º, a Lei nº 6.453/77 dispõe: "Uma vez provado haver o dano resultado exclusivamente de culpa da vítima, o operador será exonerado, apenas em relação a ela da obrigação de indenizar"; e, em seu artigo 8º, dispõe que: "O operador não responde pela reparação do dano resultante de acidente nuclear causado diretamente por conflito armado, hostilidades, guerra civil, insurreição ou excepcional fato da natureza". A responsabilidade do operador pela reparação do dano nuclear é limitada, em cada acidente, ao valor correspondente a um milhão e quinhentos mil ORTN (artigo 9º) (ATHIAS *apud* BENJAMIN, 1993).

A questão da responsabilidade por dano ambiental só veio a ser tratada com maior relevância pela Lei nº 6.938/81, Lei de Política Nacional do Meio Ambiente. Embora trate do assunto, a Lei não definiu os limites da responsabilidade, uma vez que existem inúmeras correntes doutrinárias sobre o tema.

Outra característica da doutrina é a tendência de não aceitar as clássicas excludentes da responsabilidade.

Não podemos deixar de mencionar que, ocorrendo pluralidade de agentes poluidores, deve prevalecer entre eles o vínculo da solidariedade e da corresponsabilidade pelos danos ambientais.

6.4 Natureza *propter rem*

O dano ambiental geralmente possui caráter contínuo, que se verifica quando os danos ao meio ambiente se tornam mais graves por não terem sido reparados. Está consagrado que os danos ambientais têm natureza *propter rem*, ou seja, o dano vincula-se ao objeto tutelado. Desta forma, o proprietário do imóvel responde pelo dano causado pelo proprietário antigo, caso não se consiga provar quem causou o dano.

6.5 A responsabilidade objetiva do Estado por dano ecológico

O princípio da responsabilidade objetiva, como vimos, está consagrado na Carta Magna, no artigo 225, §3º e encontra apoio no artigo 37, §6º, do mesmo documento. A referida legislação atribui responsabilidade objetiva à Administração Pública ou empresas prestadoras de serviços, que responderão pelos danos que seus agentes, nessa qualidade, causarem a terceiros, assegurando o direito de regresso contra o responsável nos casos de dolo ou culpa.

O CC/02, adotando o disposto na CRFB/88, em seu artigo 43, dispõe que as pessoas jurídicas de direito público interno são civilmente responsáveis por atos de seus agentes que, nessa qualidade, causem danos a terceiros, ressalvado o direito de regresso aos causadores do dano, se houver, por parte destes, dolo ou culpa.

6.5.1 Responsabilidade solidária da Administração Pública por danos ao meio ambiente

Estando todas as atividades que possam causar danos sujeitas à fiscalização e controle do Poder Público, temos que refletir sobre a responsabilidade solidária da Administração com o agente poluidor ou degradador ambiental. A maioria dos atos degradadores do ambiente ou poluidores, além de poder ser praticada pela Administração Pública e seus agentes, também pode ser ocasionada por particulares através de empreendimentos sujeitos a aprovação e licenciamento do Poder Público, ou por uso de produtos sujeitos a registro e controle do Poder Público, como os agrotóxicos, ações voluntárias clandestinas dos particulares, acidentes ecológicos ou fatos da natureza.

A jurisprudência tem defendido a tese de que somente a culpa grave, capaz de ser caracterizada como causa do ato danoso praticado por terceiro, imputa responsabilidade à Administração.

6.6 Ação Civil Pública

A ação civil pública foi criada pela Lei nº 7.347, de 24 de julho de 1985. Ela pode ser proposta quando ocorrerem danos ao meio ambiente, ao consumidor, à ordem urbanística, a bens e direitos de valor artístico, estético, histórico, turístico e paisagístico visando à sua reparação; e também contra infrações da ordem econômica ou popular.

São titulares da ação civil pública o Ministério Púbico, a Defensoria Pública, a União, os Estados, o Distrito Federal e os Municípios, as autarquias, empresas públicas, fundações ou sociedade de economia mista, associações de defesa do meio ambiente e consumidor que preencham os requisitos enumerados na lei.

Como uma de suas principais características, ela objetiva a condenação pecuniária e cominatória, ou seja, encerra a possibilidade de determinar o cumprimento da obrigação de fazer ou deixar de fazer. E vai além, aceitando o ajuizamento de medida cautelar para, de pronto, estancar qualquer ato reputado danoso aos objetivos da própria lei.

Qualquer pessoa poderá, e o servidor público deverá, provocar a iniciativa do Ministério Público, ministrando-lhe informações sobre fatos que constituam objeto da ação civil e indicando-lhe os elementos de convicção. Por ser o direito ambiental de natureza difusa e um direito fundamental, essencial e geracional, as ações coletivas destinadas à sua tutela são imprescritíveis.

O Ministério Público, respaldado nas prerrogativas que lhe são concedidas por lei, muitas vezes opta por não impetrar a ação civil pública. Após instaurar o inquérito civil, procedimento investigatório, de caráter inquisitorial, unilateral e facultativo, destinado a apurar a ocorrência do dano; firma como o investigado um Termo de Ajustamento de Conduta (TAC).

O TAC é um procedimento administrativo, utilizado por órgãos do SISNAMA e em especial pelo Ministério Público, para realizar acordos entre estes e o indiciado ou investigado com a finalidade de evitar ou corrigir danos causados. Constitui espécie de transação, mediante a qual os órgãos, no curso do processo ou antes dele, tomam dos interessados o compromisso de ajustamento de conduta às exigências legais, mediante cominações. Do referido termo consta o compromisso de composição do dano e a transação penal, possuindo tal termo eficácia de título executivo extrajudicial.

6.7 Responsabilidade objetiva e o Direito Ambiental internacional

O Direito Ambiental internacional já inseriu a responsabilidade sem culpa em algumas convenções: Convenção de Viena (1963) na área de Energia Nuclear; Convenção de Bruxelas (1968) sobre responsabilidade civil por danos causados pela poluição de hidrocarbonetos; convenção relativa ao registro de objetos lançados no espaço cósmico (1972), firmada em Londres, Moscou e Washington.

Algumas questões importantes ficaram, até o momento, fora do regime das convenções, como os acidentes ocorridos durante o transporte internacional de material nuclear em território ou águas de países não signatários da Convenção de Viena. Outra questão é o transporte de materiais radioativos entre países signatários de convenções diferentes, o que demanda a assinatura de uma convenção específica.

A Convenção da Basileia (1989) remeteu para o futuro o assunto do depósito e controle de movimentos transfronteiriços de resíduos perigosos. Ela previu a assinatura de um protocolo que estabeleça normas e procedimentos adequados no que se refere à responsabilidade e compensação por danos provocados sobre o tema.

CAPÍTULO 7

LEI DE CRIMES AMBIENTAIS

7.1 Antecedentes da Lei de Crimes Ambientais

Na década de 1960, foram promulgadas várias leis com o objetivo de regrar diferentes aspectos e atividades com interface ambiental: o Código Florestal, de 1965; a Lei de Proteção à Fauna, o Código de Pesca e o Código de Mineração, todos de 1967; a Lei da Responsabilidade por Danos Nucleares, de 1977, entre outras.

Antes da promulgação da Lei de Crimes Ambientais (Lei nº 9.605, de 12 de fevereiro de 1998), vários dispositivos legais já estabeleciam sanções criminais para ofensas nas áreas de controle da poluição, flora, fauna, pesca e agrotóxicos. O próprio Código Penal de 1940, ainda em vigor, traz alguns dispositivos que podiam ser aplicados na proteção do meio ambiente.

Sob vários ângulos, esses tipos penais estavam abertos a críticas. Por seu caráter assistemático, o que fazia com que as condutas contra a fauna fossem previstas como crime e apenadas com rigor (com proibição de fiança, por exemplo), enquanto aquelas contra a flora não passavam de contravenções, pouco importando tivesse o infrator derrubado um ou 100.000 ha de floresta nativa.

Além disso, como consequência da má redação de vários dispositivos e da visão fragmentada do meio ambiente que adotavam, não era difícil aos réus conseguirem sua absolvição. Finalmente, quase todas as figuras penais eram dolosas.

Em 1984, um projeto de reforma do Código Penal já incluía um capítulo sobre os crimes ambientais, porém esse projeto não vingou. Na sequência, o Secretário de Meio Ambiente do governo Fernando Collor de Mello, José Lutzemberg, formou uma comissão para elaborar o Código Ambiental. Para ajudar na reforma, foi encomendado um estudo à OAB de São Paulo. Em seguida, o então Ministro da Justiça Nelson Jobim formou uma comissão composta pelos mais ilustres doutrinadores do Direito Ambiental e por representantes do Ministério da Justiça.

O Projeto foi então encaminhado pelo Poder Executivo como substitutivo a um projeto de lei originado do IBAMA que tratava das sanções administrativas, mas que incluía também crimes ambientais, e tinha como relator o Senador Lúcio Alcântara. O então Ministro da Justiça pediu que o Senador, em seu relatório, substituísse a parte penal do texto original, o que ocorreu, tendo o Senador introduzido também alterações na parte administrativa do projeto do IBAMA.

O Projeto teve uma difícil, mas razoavelmente rápida, tramitação legislativa. Aprovado sem grandes modificações no Senado Federal, o texto da Comissão perdeu, entretanto, na Câmara dos Deputados, por pressão de uma coalizão de industriais, mineradores, madeireiros e proprietários rurais, vários de seus dispositivos originais. Assim surgiu a Lei nº 9.605, de 12 de fevereiro de 1998, a Lei de Crimes Ambientais, que instituiu sanções penais e administrativas aos danos causados ao meio ambiente.

Em muitos casos, a sanção administrativa e a civil não se mostravam eficazes para reprimir o dano ambiental. Daí a grande importância da promulgação de uma lei de crimes ambientais. As agressões ao meio ambiente se tornaram inúmeras, como a poluição do ar, da água, do solo, desmatamentos irregulares, exploração desordenada de recursos minerais, venda e comércio de produtos tóxicos ou perigosos, ocupação desordenada das cidades e agressões ao patrimônio urbano e cultural.

Geralmente a sanção penal tem se mostrado mais eficaz, em virtude do estigma gerado por um processo penal. Existe uma tendência a se defender a aplicação de um Direito Penal mínimo, que não deveria ser aplicado na hipótese do Direito Ambiental, uma vez que, sendo o bem ambiental considerado de interesse da humanidade, o delito ambiental se torna um delito contra a humanidade.

Outra crítica que sofre a Lei de Crimes Ambientais é o fato de, em alguns tipos, fazer remissão a normas administrativas para que possa ser aplicada. Entretanto isso se faz necessário devido às múltiplas inovações tecnológicas.

A responsabilidade penal é determinada pela culpabilidade, e os crimes ambientais só podem ser punidos a título de dolo ou culpa.

Tais crimes admitem as excludentes de culpabilidade do artigo 23 do Código Penal e as do artigo 37 da Lei de Crimes Ambientais.

Obedecendo ao comando constitucional, o legislador estabeleceu a responsabilidade penal da pessoa jurídica, o que é motivo de mais críticas dos penalistas, uma vez que não se pode atribuir à pessoa moral dolo ou culpa. Por essa razão, a Lei nº 9.605/98 atrela a responsabilidade penal da pessoa jurídica à coautoria com um ou mais de seus agentes. As pessoas jurídicas serão responsabilizadas administrativa, civil e penalmente, nos casos em que a infração seja cometida por decisão de seu representante legal ou contratual, ou de seu órgão colegiado, no interesse ou benefício da sua entidade.

As penalidades das pessoas jurídicas não acompanham cada tipo penal, mas estão especificadas nos artigos 21 a 24 da Lei de Crimes Ambientais. Pode ser a multa calculada de acordo com os critérios do Código Penal. Podem ser, ainda, restritivas de direitos (suspensão parcial ou total de atividades, interdição temporária de estabelecimentos, obra ou atividade e proibição de contratar com o Poder Público), ou de prestação de serviços à comunidade (custeio de programas e de projetos ambientais, execução de obras de recuperação de áreas degradadas, manutenção de espaços públicos ou contribuições a entidades ambientais ou culturais públicas).

7.2 Crimes ambientais

A Lei nº 9.605, de 12 de fevereiro de 1998, subdividiu os crimes ambientais em cinco seções, a saber: dos crimes contra a fauna (arts. 29-37); dos crimes contra a flora (arts. 38-53); da poluição e outros crimes (arts. 54-61); dos crimes contra o ordenamento urbano e patrimônio cultural (arts. 62-65); e dos crimes contra a Administração Ambiental (arts. 66-69).

7.3 Ação penal

Nos crimes previstos pela Lei nº 9.605/98, a ação penal é pública incondicionada, sendo promovida pelo Ministério Público sem que haja necessidade de manifestação de vontade da vítima ou de outra pessoa.

A maioria dos crimes ambientais é considerada de menor potencial ofensivo pelo legislador. Nesse tipo de crime, a proposta de aplicação imediata da pena restritiva de direitos ou multa, prevista no artigo 76 da Lei nº 9.099, de 26 de setembro de 1995, somente poderá ser formulada se tiver havido prévia composição do dano de que trata o artigo 74 da mesma lei, salvo em caso de comprovada impossibilidade.

Nos crimes ambientais, a suspensão condicional da pena pode ser aplicada nos casos de condenação à pena privativa de liberdade de até três anos, se o indiciado ressarcir o dano. E no caso de extinção da punibilidade previsto na Lei nº 9.099/95, esta, nos casos de crimes ambientais, dependerá, também, de reparação do dano, comprovado por um laudo de constatação.

7.4 Infração administrativa

Considera-se infração administrativa ambiental toda ação ou omissão que viole as regras jurídicas de uso, gozo, promoção, proteção e recuperação do meio ambiente.

A responsabilidade administrativa tem por objeto a aplicação das penas, que não fazem parte do Direito Penal, porque são aplicadas pelo Estado na sua função administrativa. O Artigo 72 da CRFB/88 enumera os tipos de sanção das infrações administrativas:

> Art. 72. As infrações administrativas são punidas com as seguintes sanções, observado o disposto no art. 6º:
>
> I - advertência;
>
> II - multa simples;
>
> III - multa diária;
>
> IV - apreensão dos animais, produtos e subprodutos da fauna e flora, instrumentos, petrechos, equipamentos ou veículos de qualquer natureza utilizados na infração;
>
> V - destruição ou inutilização do produto;
>
> VI - suspensão de venda e fabricação do produto;
>
> VII - embargo de obra ou atividade;
>
> VIII - demolição de obra;
>
> IX - suspensão parcial ou total de atividades;
>
> X - (Vetado)
>
> XI - restritiva de direitos.

Na aplicação das sanções administrativas, a exemplo das penais, serão observadas as regras do art. 6º da Lei nº 9.605/98, para a gradação da pena. A autoridade terá que observar: a gravidade do fato, tendo em vista os motivos da infração e suas consequências para a saúde pública e para o meio ambiente; os antecedentes do infrator quanto ao cumprimento da legislação de interesse ambiental; e a situação econômica do infrator, no caso de multa.

7.4.1 Processo administrativo

As autoridades competentes para lavrar auto de infração ambiental e instaurar processo administrativo são os fiscais de órgãos do Sistema Nacional do Meio Ambiente (SISNAMA). Qualquer pessoa que constate a infração poderá dirigir representação a estas autoridades, que, ao tomarem conhecimento, são obrigaddas a promover apuração imediata, sob pena de corresponsabilidade.

A forma de apurar as infrações é o processo administrativo, assegurado o direito de ampla defesa. O infrator tem o prazo de vinte dias para oferecer sua defesa, e mais vinte da decisão condenatória à instância superior do SISNAMA. Já a autoridade tem o prazo de trinta dias da data da lavratura do auto de infração para julgar o processo, independentemente de haver defesa ou impugnação.

Quando condenado ao pagamento de multa, o infrator tem o prazo de cinco dias para fazê-lo. A imposição da multa se baseia na unidade, hectare, metro cúbico, quilograma ou outra medida pertinente do objeto jurídico lesado, bem como a situação econômica do infrator.

A multa simples pode ser convertida em serviços de preservação, melhoria e recuperação da qualidade do meio ambiente.

As sanções restritivas de direito são a suspensão de registro, licença ou autorização; cancelamento do registro; perda ou restrição de benefícios fiscais; perda ou suspensão da participação em linhas de financiamento em estabelecimento oficiais de crédito; e proibição de contratar com a Administração Pública pelo período de até três anos. Se o infrator cometer mais de uma infração, as penas serão cumulativas.

CAPÍTULO 8

TUTELA JURÍDICA DOS ANIMAIS

8.1 Os animais como titulares de direitos supranacionais

No âmbito internacional, tanto os animais silvestres, como os domésticos, exóticos ou migratórios, constituem bens de valor jurídico a serem protegidos. Dentre as normas internacionais, relativas à proteção dos animais, destacamos as seguintes:

- *Convenção sobre o Comércio Internacional de Espécies da Flora e Fauna Selvagem em Perigo de Extinção* (Washington, 03.03.1973), aprovada pelo Brasil, pelo Decreto Legislativo nº 54, de 24.06.1975, e promulgada pelo Decreto nº 76.623, de 17.11.1975, com as alterações, em Gaborone, em 20.04.1983, aprovadas pelo Decreto Legislativo nº 35, de 05.12.1985, e promulgadas pelo Decreto nº 92.446, de 07.03.1986;

- *Convenção da Biodiversidade* (Rio de Janeiro, de 05.06.1992, aprovada pelo Decreto Legislativo nº 2, de 03.02.1994, promulgada pelo Decreto nº 2.519, de 16 de março de 1998;

- *Agenda 21*, que constitui um programa de ação internacional para proteção do meio ambiente no século XXI. Ela recomenda o desenvolvimento de atividades no sentido de melhorar a conservação da diversidade biológica e o uso sustentável dos recursos biológicos;

- *Declaração Universal dos Direitos dos Animais* (proclamada na Assembleia da UNESCO, em Bruxelas, em 27.01.1978, e proposta pela União Internacional dos Direitos dos Animais), considerando que cada animal tem direitos e que o desconhecimento ou o desprezo desses direitos tem levado e continua

levando o homem a cometer crimes contra a natureza e contra os animais;
- *Declaração sobre Ética Experimental* (Genebra, 1981);
- *Declaração sobre a Sobrevivência do Século XXI* (Vancouver, 1979);
- *Apelo de Sevilha contra a Violência* (1986);
- *Declaração por um Contrato de Solidariedade* (Porto Novo, 1989);
- *Nossa Própria Agenda* (Comissão de Meio Ambiente da América Latina e do Caribe, 1990);
- *Nosso Futuro Comum* (redigido por um grupo de especialistas em Direito Ambiental, da Comissão Mundial sobre Meio Ambiente e Desenvolvimento, 1991).

O reconhecimento pela ciência da inter-relação do homem com todo o universo e tudo que vive resultou na promulgação da Declaração Universal dos Direitos dos Animais, que cria obrigações para os Estados signatários, entre eles o Brasil, como todos os demais pactos internacionais. Em seu artigo 1º, ela declara que o direito à vida é extensivo aos animais: "Todos os animais nascem iguais diante da vida e têm o mesmo direito à existência". Em seu derradeiro artigo, estatui que: "os direitos do animal devem ser defendidos por leis, como os direitos dos homens" (UNESCO, 1978).

Esta declaração foi proposta pelo cientista Georges Heuse, secretário-geral do Centro Internacional de Experimentação de Biologia Humana. Seu texto foi redigido após várias reuniões internacionais, por personalidades do meio científico, jurídico e filosófico, e por representantes das associações protetoras dos animais, e constituiu uma tomada de posição filosófica no sentido de estabelecer diretrizes para o relacionamento do homem com o animal. Esta nova postura se respalda nos conhecimentos científicos recentes que reconhecem a unidade de toda vida e exigem uma concepção igualitária frente ao direito à vida, à integridade física e à liberdade. Seus artigos propõem uma nova ética biológica, uma nova postura de vida e uma nova concepção jurídica de respeito para com os animais.

Os direitos humanos e os direitos dos animais são, pois, direitos supranacionais reconhecidos por declarações internacionais, válidos nos países signatários, independentemente de sua positivação.

8.2 Os direitos dos animais na Constituição da República Federativa do Brasil de 1988

A Constituição da República vigente, com o objetivo de efetivar o exercício ao meio ambiente sadio, estabeleceu uma gama de incumbências para o Poder Público, arroladas nos incisos I a VII do artigo 225. Os animais, independentemente de serem ou não da fauna silvestre brasileira, contam agora com garantia constitucional, dando maior força à legislação vigente, pois todas as situações jurídicas devem se conformar com os princípios constitucionais.

Os direitos dos animais reconhecidos pelo Brasil em tratados internacionais foram incorporados pela nossa Constituição e fazem parte de suas cláusulas pétreas. Constituem cláusulas pétreas não só os direitos individuais, mas os direitos sociais nela contidos. Tanto que, no §2º do artigo 5º, a CRFB/88 dispõe: "Os direitos e garantias expressos nesta Constituição não excluem outros decorrentes do regime e dos princípios por ela adotados, ou dos tratados internacionais em que a República Federativa do Brasil seja parte". São pétreos os dispositivos que impõem a irremovibilidade de determinados preceitos.

8.3 A fundamentabilidade dos direitos dos animais

Os animais são titulares de direitos fundamentais. A CRFB/88 estabelece, em seu artigo 225, o direito ao meio ambiente saudável, protegido e equilibrado, delegando ao Poder Público e à comunidade o dever de protegê-lo e preservá-lo para as gerações presentes e futuras, nelas incluídas os demais seres vivos, que devem ter o direito de se desenvolver de forma natural e permanente. Tanto que, em seu §1º, inciso VII, o artigo determina que incumbe ao Poder Público garantir o direito à vida e aos ecossistemas, o direito à preservação da biodiversidade, e os direitos dos animais de não serem submetidos à crueldade.

Que os animais possuem direitos fundamentais resta claro. Todo direito fundamental limita outro direito fundamental. Os direitos e liberdades dos homens estão limitados pelos direitos dos animais.

As normas constitucionais, entretanto, são imperativas; por si sós têm eficácia jurídica. São normas concessivas de direitos ou de poderes jurídicos. Todas as demais normas devem se conformar ao previsto na Constituição. Os direitos difusos e dos animais devem ser observados à luz dos princípios da prioridade, da fundamentabilidade, da universalidade e da moralidade.

De maneira inédita, o artigo 225 da CRFB/88 consagrou o princípio da prioridade para defesa do meio ambiente, quando instituiu que é dever do Estado e da comunidade a defesa do meio ambiente e dos animais. Sendo o meio ambiente de interesse comum da humanidade, ele deve prevalecer sobre os interesses individuais.

Do princípio da fundamentabilidade, porque a CRFB/88 estabeleceu um mandamento em defesa dos animais, instituindo um direito que se incorpora ao patrimônio jurídico da cidadania e não pode ser suprimido. Os direitos sociais também se incluem nas cláusulas pétreas, conforme já explanado.

Do princípio da universalidade, por tratar-se de direitos reconhecidos em vários tratados internacionais, e porque, independentemente de existirem leis protetoras de direitos humanos ou de animais, as pessoas e os animais possuem os direitos inalienáveis e inerentes à sua condição de ser humano ou animal, onde quer que vivam.

Do princípio da moralidade, por se tratar de direitos inerentes à vida, fundamentais e essenciais à saúde, à dignidade humana e à afirmação dos povos.

Heron José de Santana Gordilho, em sua tese de doutorado, intitulada "Abolicionismo animal", vai mais além, quando afirma que: "os direitos dos animais também estão albergados pelo princípio da igualdade, uma vez que os direitos morais são igualitários, pertencem a todos em igualdade de condições". Como direitos morais, o autor reconhece o direito à vida, à liberdade e a integridade física, que são ainda inalienáveis, porque não podem ser exercidos por outrem (GORDILHO, 2009, p. 74).

O Ministério Público é o representante dos animais em Juízo, mas todo cidadão tem o dever de protegê-los e o dever de não lhes causar nenhum mal. Ao Ministério Público coube importante papel após a CRFB/88, como titular das ações civil pública e penal, cabendo-lhe impetrá-las em caso de ofensa aos animais.

8.4 A fauna na legislação infraconstitucional

A fauna silvestre brasileira está protegida pela Lei nº 5.197, de 03 de janeiro de 1967. Entende-se por fauna silvestre os animais de quaisquer espécies, em qualquer fase de seu desenvolvimento e que vivem naturalmente fora do cativeiro, sendo seus ninhos, abrigos e criadouros naturais considerados propriedade do Estado. São proibidas a utilização, perseguição, destruição, caça ou apanha dos animais silvestres.

A referida lei incentiva o Poder Público a autorizar criadouros particulares, que foram regulamentados por portarias do IBAMA. Além dos referidos instrumentos normativos, foi editada em dezembro de 2011 a Lei Complementar nº 140, fixando normas de cooperação entre os entes federativos de ações administrativas relativas à proteção do meio ambiente, e transferindo as seguintes competências – antes da União – para o Estado:

Art. 8º São ações administrativas dos *Estados*:

XVIII - controlar a apanha de espécimes da fauna silvestre, ovos e larvas *destinadas à implantação de criadouros* e à pesquisa científica, ressalvado o disposto no inciso XX do art. 7º;

XIX - *aprovar o funcionamento de criadouros* da fauna silvestre;[4] (grifo nosso)

O IBAMA instituiu três espécies de criadouros: os conservacionistas, os científicos e os comerciais. Os conservacionistas e os comerciais podem ser criadouros tanto de fauna nativa como de fauna exótica, com regras diferenciadas para cada um. Os criadouros precisam ser autorizados pelo órgão competente. Depreende-se, pela leitura da recém-editada Lei Complementar nº 140/2011, que a aprovação de funcionamento dos criadouros e o controle da apanha de espécimes abrangem todas as espécies instituídas pelo IBAMA.

Criadouro é uma área especialmente delimitada e cercada, dotada de instalações capazes de possibilitar a reprodução, a criação ou a recria de espécies da fauna silvestre exótica e de impossibilitar a fuga dos espécimes para a natureza.

8.4.1 Criadouros conservacionistas da fauna exótica

A fauna silvestre exótica é constituída de todas as espécies que não ocorrem naturalmente no território, possuindo ou não populações livres na natureza.

Segundo conceituação do IBAMA, animais exóticos são aqueles cuja distribuição geográfica não inclui o território brasileiro. As espécies ou subespécies introduzidas pelo homem, inclusive domésticas, em estado selvagem, também são consideradas exóticas. Outras espécies consideradas exóticas são aquelas que tenham sido introduzidas fora das fronteiras brasileiras e de suas águas jurisdicionais e que tenham entrado espontaneamente em território brasileiro (IBAMA, 1998).

Não existe proibição para a comercialização de animais exóticos, mas sua criação e manutenção estão disciplinadas nas Portarias nº 108/94 e nº 102/98, ambas do IBAMA. Destacam-se os seguintes dispositivos da Portaria nº 102/98:

(...) considerando a necessidade de ordenar a implantação de criadouros de animais da fauna silvestre exótica com fins econômicos e industriais, RESOLVE:

---

[4] BRASIL. Lei Complementar nº 140, de 8 de dezembro de 2011.

EDNA CARDOZO DIAS
DIREITO AMBIENTAL NO ESTADO DEMOCRÁTICO DE DIREITO

Art. 1º Normalizar o funcionamento de criadouros de animais da fauna silvestre exótica com fins econômicos e industriais. (...)

Art. 4º Os criadouros serão enquadrados nas seguintes categorias:

a) Criadouro de Espécimes da Fauna Silvestre Brasileira e Exótica para fins Comerciais - Pessoa Jurídica; e

b) Criadouro de Espécimes da Fauna Silvestre Brasileira e Exótica para fins Comerciais - Pessoa Física.

Art. 5º O interessado em implantar criadouro com fins industriais e econômicos de espécimes da fauna silvestre exótica deverá protocolar carta-consulta na Superintendência do IBAMA onde pretende instalar o empreendimento, conforme modelo constante no Anexo I da presente Portaria, com as seguintes informações/documentos: (...). (IBAMA, 1998)

Já a Portaria nº 108/94 dispõe que as pessoas físicas ou jurídicas mantenedoras de felídeos do gênero *panthera*; família *ursidae*; primatas das famílias *ponogidae* e *cercopithecidae*; família *hippopotamidae* e ordem *prosbocidea* deverão ser registradas no IBAMA como mantenedores de fauna silvestre exótica. Determina também que o registro somente será dado após autorização do órgão municipal e estadual para a referida posse e mediante apresentação de croqui da área e detalhes do viveiro, em conformidade com as instruções normativas do IBAMA. Os criadores da fauna exótica deverão manter, obrigatoriamente, a assistência permanente de um veterinário, sexar todas as espécies, necropsiar todos os animais e manter ficha dos animais (IBAMA, 1994).

A doação, a permuta, o empréstimo ou a venda dos citados animais só poderão ser concretizados entre zoológicos registrados, ou em processo de registro, e mantenedores da fauna silvestre devidamente registrados no IBAMA. A renovação do registro de mantenedores de animais silvestres depende de relatório anual, não sendo permitida a visitação pública para esse tipo de criadouro.

Quanto à importação de fauna exótica, é igualmente permitida, desde que de acordo com Portaria nº 93/98, do IBAMA. Para a importação de animais silvestres vivos, produtos e subprodutos listados no apêndice I e II da Convenção Internacional sobre Comércio das Espécies da Flora e Fauna Selvagens em Perigo de Extinção (CITES),[5] é necessária a emissão prévia de licença pelo referido órgão, além da licença de exportação do país de origem e da licença do Ministério da

---

[5] Promulgada pelo Decreto nº 76.623/75 (BRASIL, 1975).

Agricultura, do Abastecimento e da Reforma Agrária quanto às exigências zoossanitárias do país de procedência.

Ficam isentos da referida licença de importação as espécies possuidoras de características biológicas e comportamentais em estreita dependência do homem. No caso de importação sem a devida autorização de espécies da fauna exótica listadas nos anexos da CITES, o importador será multado e as espécies serão devolvidas ao país exportador.

8.4.2 Criadouros conservacionistas da fauna nativa

Os criadouros conservacionistas estão regulamentados pela Portaria nº 139-N/93, do IBAMA, transferindo-se ao Estado a competência para aprovar seu funcionamento, segundo a Lei Complementar nº 140/2011. Segundo o art. 1º da Portaria, criadouros conservacionistas são "as áreas especialmente delimitadas e preparadas, dotadas de instalações capazes de possibilitar a criação racional de espécies da fauna silvestre brasileira, com assistência adequada".[6]

A referida portaria determina que só estão aptos a receber autorização do IBAMA os criadouros que possuam áreas especialmente delimitadas e preparadas, dotadas de instalações capazes de possibilitar a criação racional de espécies da fauna silvestre brasileira, com assistência adequada.

É preciso, ainda, que os interessados cumpram as seguintes exigências: ter a assistência de pelo menos um biólogo ou de um veterinário; possuir instalações adequadas a misteres da alimentação animal; possuir pelo menos um tratador contratado em regime de tempo integral; ter capacidade financeira devidamente comprovada; manter arquivo de registro através de fichas individuais por animal; manter contato com laboratório para análises clínicas para auxiliar no diagnóstico e tratamento de doenças; apresentar um sistema de marcação dos animais; sexar todos os espécimes; necropsiar todos os animais que morrerem e fazer constar as informações na ficha individual do animal.

Os espécimes do plantel dos criadouros conservacionistas não poderão ser objeto de venda, sob pena de cancelamento imediato de seu registro.

---

[6] INSTITUTO BRASILEIRO DO MEIO AMBIENTE E DOS RECURSOS NATURAIS RENOVÁVEIS – IBAMA. Portaria nº 139-N, de 29 de dezembro de 1993.

8.4.3 Criadouros científicos

Os criadouros científicos são constituídos tanto para realizar experiências sobre o estudo das espécies, como para experimentos nos animais, com fins comprovadamente científicos. Os criadouros de animais silvestres brasileiros para pesquisa científica estão regulamentados pela Portaria nº 16/94, do IBAMA, bem como pela Lei Complementar nº 140/2011. A legislação afirma que, além da obrigatoriedade do registro, os experimentadores terão de manter sistema de controle de fuga dos animais, prestar informações sobre o local, firmar termo de compromisso assegurando a manutenção dos animais e encaminhar ao IBAMA cópia dos trabalhos a serem publicados, decorrentes da pesquisa. Ao final da experiência, os animais poderão ser transferidos para instituições afins.

A coleta de material biológico para fins científicos precisa de autorização da Administração Pública, de acordo com a Lei Complementar nº140/2011, e só pode ser concedida a instituições científicas públicas ou privadas por ele credenciadas. O cientista que pode obter autorização para possuir um criadouro científico é o profissional que exerce atividade de pesquisa, utilizando-se de método científico.

Atualmente essa autorização pode ser requerida *on-line* pelo Sistema de Autorização e Informação em Biodiversidade (SISBIO). SISBIO é um sistema automatizado, interativo e simplificado de atendimento a distância e de informação. Por meio do preenchimento *on-line* de formulários eletrônicos, pesquisadores poderão solicitar, via Internet, autorizações para atividades com finalidade científica ou didática (no âmbito do ensino superior).

São admitidos requerimentos para a coleta ou transporte de material biológico; captura ou marcação de animais silvestres *in situ*; manutenção temporária de espécimes de fauna silvestre em cativeiro para experimentação científica e realização de pesquisa em unidade de conservação federal ou em cavernas.

8.4.4 Criadouros de fauna exótica para fins econômicos e industriais

A exploração econômica da fauna exótica foi, inicialmente, regulamentada pelo IBAMA, que, por meio das portarias nº 118/97 e nº 102/98, estabeleceu duas categorias de criadouros de espécimes da fauna brasileira e da fauna exótica para fins comerciais: a de pessoa jurídica e a de pessoa física.

O registro dos criadouros com fins econômicos é obrigatório. O órgão competente para fazê-lo é o IBAMA.[7] O processo de registro do criadouro se inicia com a carta-consulta dirigida ao referido órgão e acompanhada de documentos fiscais, do formulário-padrão Cadastro Técnico Federal de Atividades Potencialmente Poluidoras ou Utilizadoras de Recursos Ambientais, croqui das instalações, licenciamento ambiental emitido pelo órgão competente, descrição do objetivo da criação e Termo de Responsabilidade registrado em Cartório de Títulos e Documentos. Aprovada a carta-consulta, o interessado tem prazo de 60 dias para protocolar o projeto definitivo.

Os recintos destinados à reprodução, crescimento e acabamento deverão, necessariamente, possuir antecâmara de segurança (para o caso de aves), corredor de segurança (para o caso de mamíferos) e ser construídos de forma a impedir a fuga dos animais neles alojados.

Outra medida para prevenir a fuga desses animais para a natureza, causando desequilíbrio dos ecossistemas, é a exigência à administração do criadouro de comprovar a posse de apetrechos próprios para a captura de animais em caso de fuga. Essa prova é exigida na fase da carta-consulta, constituindo condição *sine qua non* para sua aprovação.

O criadouro é obrigado a enviar relatório anual de monitoramento ao IBAMA e a manter em seu poder cópias dos mesmos ou segunda via das notas fiscais dos animais vivos e dos produtos comercializados. Qualquer irregularidade ensejará abertura de processo administrativo, e o criadouro poderá ser penalizado com a exigência de reformulação do projeto ou com o Termo de Apreensão e Depósito dos Animais (TAD) e, até mesmo, com o encerramento das atividades. Fica, entretanto, facultada a assinatura de um Termo de Compromisso estabelecendo um prazo para a regularização do criadouro.

A aquisição de animais para início de criação só pode ser efetuada após o registro do criadouro no IBAMA. A aquisição de animais silvestres como animais de estimação só é permitida se os animais forem provenientes de criadouros comerciais autorizados.

A Lei nº 5.197/67 previu, ainda, três formas de caça: a esportiva ou amadora, a comercial e a científica. A caça científica está proibida. As demais estão regulamentadas pela lei e podem ser autorizadas pelo órgão competente, obedecidos os requisitos da lei e portarias.

---

[7] Com a transferência da competência da União para os Estados em algumas questões, determinada pela Lei Complementar nº 140/2011, é necessário verificar se não houve alteração de órgão do IBAMA para efetuar o registro.

A caça, conforme definida no art. 7º da referida lei, é a utilização, perseguição, destruição, caça ou apanha de espécimes da fauna silvestre, quando consentidas na forma da referida lei (IBAMA, 1967). As sanções administrativas e penais para as infrações contra a fauna, seja ela silvestre, nativa, exótica ou doméstica, estão previstas na Lei nº 9.605/98, regulamentada pelo Decreto nº 6.514/08.

8.5 Classificação da fauna

Na Portaria nº 29/94, do IBAMA, a fauna á classificada em doméstica, domesticada, silvestre nativa e silvestre exótica, conforme definições a seguir:

- Fauna doméstica – É constituída de todas as espécies que foram submetidas a processos tradicionais de manejo, possuindo características biológicas e comportamentais em estreita dependência do homem para sua sobrevivência, sendo passíveis de transação comercial e, algumas, de utilização econômica. Segundo o Código Civil Brasileiro, bens móveis são aqueles suscetíveis de movimento próprio ou de remoção por força alheia (artigo 82, CC/02). Os animais domésticos são considerados semoventes, espécie do gênero bens móveis. São considerados propriedade de seus donos, sendo que os animais abandonados sujeitam-se a apropriação. No caso de lesão a animal doméstico, seu dono pode exigir indenização ou ressarcimento do dano, no Juízo Cível, a todo aquele que por ação ou omissão voluntária, negligência ou imprudência, agredir seu animal ou lhe causar prejuízo, consoante os artigos 186 e 927 do CC/02.
- Fauna domesticada – É constituída por animais silvestres, nativos ou exóticos que, por circunstâncias especiais, perderam seus hábitos na natureza e passaram a conviver pacificamente com o homem, dele dependendo para sua sobrevivência, podendo ou não apresentar características comportamentais dos espécimes silvestres. Os animais domesticados, pelo fato de haverem perdido a adaptabilidade aos seus hábitats naturais, no caso de serem devolvidos à natureza, deverão passar por um processo de readaptação antes da reintrodução.
- Fauna silvestre nativa – É constituída de todas as espécies que ocorrem naturalmente no território ou que utilizam naturalmente esse território em alguma fase de seu ciclo biológico.

- Fauna silvestre exótica – É constituída de todas as espécies que não ocorrem naturalmente no território, possuindo ou não populações livres na natureza.

8.6 Crimes contra a fauna

Na Lei de Crimes Ambientais (Lei nº 9.605/98), existem alguns tipos de crime que se aplicam somente à fauna silvestre, tais como perseguição, caça, apanha, detenção ou posse não autorizada e comércio, entre outros. No caso de crueldade contra animais, a Lei não distingue os animais domésticos dos silvestres ou exóticos, abrangendo todos. Vejamos:

Art. 32. Praticar ato de abuso, maus-tratos, ferir ou mutilar animais silvestres, domésticos ou domesticados, nativos ou exóticos:

Pena - detenção, de três meses a um ano, e multa.

§1º Incorre nas mesmas penas quem realiza experiência dolorosa ou cruel em animal vivo, ainda que para fins didáticos ou científicos, quando existirem recursos alternativos.

§2º A pena é aumentada de um sexto a um terço, se ocorre morte do animal.

Uma conceituação genérica e abrangente é dada pela Dra. Helita Barreira Custódio, em seu parecer de 07.02.1997, elaborado para servir de subsídio à redação do Novo Código Penal Brasileiro:

Crueldade contra os animais é toda ação ou omissão, dolosa ou culposa (ato ilícito), em locais públicos ou privados, mediante matança cruel pela caça abusiva, por desmatamentos ou incêndios criminosos, por poluição ambiental, mediante dolorosas experiências diversas (didáticas, científicas, laboratoriais, genéticas, mecânicas, tecnológicas, dentre outras), amargurantes práticas diversas (econômicas, sociais, populares, esportivas como tiro ao vôo, tiro ao alvo, de trabalhos excessivos ou forçados além dos limites normais, de prisões, cativeiros ou transportes em condições desumanas, de abandono em condições enfermas, mutiladas, sedentas, famintas, cegas ou extenuantes, de espetáculos violentos como lutas entre animais até a exaustão ou morte, touradas, farra do boi ou similares), abates atrozes, castigos violentos e tiranos, adestramentos por meios e instrumentos torturantes para fins domésticos, agrícolas ou para exposições, ou quaisquer outras condutas impiedosas resultantes em maus-tratos contra animais vivos, submetidos a injustificáveis e inadmissíveis angústias, dores, torturas, dentre outros atrozes sofrimentos causadores de danosas lesões corporais, de invalidez, de excessiva fadiga ou de exaustão até a morte desumana da indefesa vítima animal. (ARQUIVO da liga de prevenção da crueldade contra o animal)

8.7 Experimentos com animais na legislação brasileira

Em 08 de outubro de 2008, foi aprovada nova lei sobre uso de animais em experimentos, a Lei nº 11.794/08, que veio regulamentar o inciso VII do §1º do artigo 225 da Constituição Federal, estabelecendo procedimentos para o uso científico de animais, e revogando a Lei nº 6.638/79.

Segundo o artigo 1º, §2º, da Lei nº 11.794/08, são consideradas atividades de pesquisa científica todas aquelas relacionadas com ciência básica, ciência aplicada, desenvolvimento tecnológico, produção e controle da qualidade de drogas, medicamentos, alimentos, imunobiológicos, instrumentos, ou quaisquer outros testados em animais, conforme definido em regulamento próprio.

A referida lei cria o Conselho Nacional de Controle de Experimentação Animal (CONCEA), com a competência de formular normas relativas à utilização de animais e credenciar instituições para criação ou utilização de animais, entre outras atribuições. O CONCEA é presidido pelo Ministro de Estado da Ciência e Tecnologia e integrado por representantes do governo, cientistas e duas entidades legalmente constituídas de proteção aos animais.

Para obter credenciamento para atividades de ensino ou pesquisa com animais, as instituições são obrigadas a constituir Comissões de Ética no Uso de Animais (CEUA), com representantes de médicos veterinários e biólogos; docentes e pesquisadores na área específica; além de um representante de sociedades protetoras de animais legalmente estabelecidas no País, na forma do Regulamento.

Ao mesmo tempo que fornece o respaldo legal para legitimar os experimentos com animais (por meio da vivissecção), a referida lei expressa a preocupação do legislador com o bem-estar do animal (artigo 14), embora tal atitude esteja longe de evitar seu sofrimento ou respeitar sua dignidade. Vejamos:

Art. 14. O animal só poderá ser submetido às intervenções recomendadas nos protocolos dos experimentos que constituem a pesquisa ou programa de aprendizado quando, antes, durante e após o experimento, receber cuidados especiais, conforme estabelecido pelo CONCEA. (BRASIL, 2008)

A Lei nº 9.605/98, Lei de Crimes Ambientais, proíbe expressamente a experimentação, ainda que para fins didáticos, quando existirem métodos alternativos. Métodos alternativos sabemos que existem. E se existem, a vivissecção deveria ser considerada implicitamente proibida. Vê-se que o legislador ambiental não se limitou à conduta delituosa prevista no *caput* do artigo 32 da Lei; foi muito além disso. No §1º do referido artigo, equipara àquelas hipóteses típicas, em termos penais, "quem realiza experiência dolorosa ou cruel em animal vivo, ainda que para fins didáticos ou científicos, quando existirem recursos alternativos".

Enquanto a referida lei considera os animais silvestres como bem de uso comum do povo, ou seja, um bem difuso indivisível e indisponível; por outro lado, os animais domésticos são considerados pelo Código Civil como bens móveis (semoventes) passíveis de direitos reais. Assim, é permitida a apropriação dos animais domésticos para integrar o patrimônio individual, diferentemente do que ocorre com o bem coletivo.

A organização dos poderes constituídos, a mentalidade científica e a crença popular são as grandes responsáveis pelo tratamento ético e jurídico dispensado aos animais na atualidade, e pela discriminação ainda maior contra os animais domésticos. Precisamos acordar para o fato de que é chegada a hora de esfacelar os velhos tabus. A vida é um bem genérico e, portanto, o direito à vida constitui um direito de personalidade igualmente do animal, assim como do homem. O direito à integridade física é imanente a todo ser vivo, e está ligado à sua própria natureza, indiferentemente de ser humana ou não humana, silvestre ou doméstica.

O caminho mais adequado é aceitar a natureza *sui generis* dos animais, a fim de que sejam compreendidos como sujeitos de direitos. Seus direitos são reconhecidos e tutelados, e podem ser postulados por agentes titulados para esse mister, que agem em legitimidade substitutiva.

8.8 Os animais como sujeitos de direitos

Numa pesquisa pela comunidade acadêmica, verifica-se que cursos de legislação animal estão agora inclusos em várias escolas de Direito dos Estados Unidos. A ideia da extensão da qualidade de sujeitos de direito aos animais é defendida por vários professores e doutrinadores em todo o mundo.

São duas as principais correntes em defesa dos animais: o liberalismo e o abolicionismo. A corrente denominada liberalismo, liderada por Peter Singer, filósofo e professor atuante no campo da ética na prática, preconiza a libertação animal. Seu argumento principal se baseia nos princípios de justiça, sendo que, para ele, os animais, como seres sencientes (capazes de sentir), devem ter seus interesses levados em igual consideração em relação aos interesses humanos.

Já a corrente do abolicionismo tem como líder o professor emérito de filosofia da Universidade Estadual da Carolina do Norte (USA), Tom Reagan. O abolicionismo se preocupa, sobretudo, com o respeito aos direitos fundamentais dos seres, que jamais podem ser violados. Em sua obra *The Case for Animals Rights*, Tom Reagan preconiza a ideia de que os animais são sujeitos de uma vida, e por isso devem ter reconhecidos os seus direitos baseados em seus valores inerentes, que diferem dos valores intrínsecos (REAGAN, 2004).

Abraçam o abolicionismo os juristas americanos Steven Wise e Gary Francione. No Brasil, podemos citar como juristas abolicionistas a advogada que subscreve este obra, Edna Cardozo Dias, bem como Daniel Lourenço Braga, Laerte Levai, Heron José de Santana Gordilho, Luciano Rocha Santana, Tagore Trajano de Almeida Silva, Daniela Tetu Rodrigues, Geuza Leitão, entre outros.

Para o jurista americano Steven Wise, professor da disciplina "Animal Rights Law", na Universidade de Harvard, os direitos fundamentais a serem reconhecidos aos seres vivos devem estar ligados à sua capacidade de autonomia e autodeterminação. Para Gary Francione, enquanto os animais puderem ser considerados como propriedade, seus direitos não serão reconhecidos plenamente; daí o autor preconizar a necessidade urgente da mudança da natureza jurídica dos animais.

Já o brasileiro José de Santana Gordilho defende a ideia de que o conceito de sujeito de direito é maior que os conceitos de pessoa e de personalidade jurídica, pois ser sujeito de direito é simplesmente ter capacidade de adquirir direitos, mesmo quando não possa exercê-los diretamente.

CAPÍTULO 9

A FLORA E AS ÁREAS ESPECIALMENTE PROTEGIDAS[8]

9.1 Introdução

Floresta é uma vegetação cerrada, constituída por árvores de grande porte, cobrindo grande extensão de terras (SODERO, 2005 *apud* FREITAS; FREITAS, 2005, p. 91). Como acessórios do solo, as florestas são consideradas pelo Código Civil bens imóveis e seguem a sorte das terras a que aderirem. Entretanto, o Poder Público condiciona e regula seu aproveitamento e conservação com base na função social da propriedade.

Flora é o conjunto de plantas de uma determinada região ou período, listadas por espécies e consideradas como um todo (GLOSSÁRIO de ecologia, 1987 *apud* FREITAS; FREITAS, 2005, p. 91).

9.2 Histórico da proteção das florestas no Brasil

Inicialmente, a preocupação com a preservação das florestas no Brasil possuía cunho econômico. O primeiro discurso em defesa das florestas brasileiras foi proferido por José Bonifácio, em 1821, determinando que todas as propriedades afastadas dos grandes centros urbanos deveriam ter preservado 1/6 de suas áreas. Sobre isso assim se

---

[8] Nota da Autora: Este capítulo foi reformulado em 28 e 29 de maio de 2012, datas em que foram publicadas no *DOU* a Lei nº 12.651, de 25 de maio de 2012, a Medida Provisória nº 571, de 25 de maio de 2012, e a retificação à referida Medida Provisória, publicada em 29 de maio de 2012.

expressa o Deputado Relator Aldo Rabelo, em seu parecer ao Projeto de Lei nº 1.876/99:

> Malgrado o arsenal crítico contra ele, o Código está apoiado na melhor tradição jurídica nacional, inaugurada pelo *Patriarca* de nossa Independência, José Bonifácio de Andrada e Silva. Bonifácio criou o conceito de Reserva Legal ao propor que um sexto das propriedades fosse destinado à preservação de floresta. O objetivo era resguardar a madeira necessária na proximidade das sedes das fazendas e dos rios, para a construção naval e civil e para o consumo na forma de energia. Era um tempo em que as propriedades, chamadas de sesmarias, eram medidas em léguas, perdendo-se pelos sertões adentro, até onde a ousadia dos desbravadores alcançasse.[9]

Somente em 1934 foi aprovado o primeiro Código Florestal brasileiro, através do Decreto nº 23.793. O segundo Código foi instituído pela Lei nº 4.771, de 15 de setembro de 1965, que, em seu art. 1º, declarou serem as florestas bem de interesse comum de todos os habitantes do país; disposição incluída no conceito de meio ambiente ecologicamente equilibrado disposto pelo *caput* do art. 225 da CRFB/88, e ratificada pelo art. 1º-A, I, da recente Lei nº 12.651, de 25 de maio de 2012.

O Código Florestal de 1965 não impedia o exercício do direito de propriedade, mas criava limitações administrativas com base no princípio da função social da propriedade. Ressalte-se que as limitações administrativas são de caráter não cogente, não ensejando qualquer responsabilização financeira.

A função social da propriedade rural encontra-se definida no art. 186 da CRFB/88:

> Art. 186. A função social é cumprida quando a propriedade rural atende, simultaneamente, segundo critérios e graus de exigência estabelecidos em lei, aos seguintes requisitos:
>
> I - aproveitamento racional e adequado;
>
> II - utilização adequada dos recursos naturais disponíveis e preservação do meio ambiente;
>
> III - observância das disposições que regulam as relações de trabalho;
>
> IV - exploração que favoreça o bem-estar dos proprietários e dos trabalhadores.

---

[9] BRASIL. Câmara dos Deputados. Parecer do relator Deputado Federal Aldo Rebelo (PCdoB-SP) ao Projeto de Lei nº 1876/99 e apensados, 8 jun. 2010.

A Constituição de 1988 deu um enfoque especial às áreas especialmente protegidas, vedando qualquer alteração das mesmas por atos administrativos, devendo sua alteração ou supressão ser efetuada somente por meio de lei. Esta foi a primeira Constituição no Brasil a tratar da questão ambiental de forma mais ampla.

No entanto, mesmo antes de tal previsão, o Código Florestal de 1965 já previa duas figuras jurídicas de suma importância para manter o equilíbrio dos ecossistemas: as Áreas de Preservação Permanente (APPs) e as Reservas Legais.

Essa lei vinha sendo alvo de várias críticas e reclamações por parte dos agricultores e empresários do ramo agrossilvipastoril. Desde o final do século XX, a bancada ruralista na Câmara de Deputados pretendia alterar o Código Florestal brasileiro para flexibilizar a exploração das APPs e das Reservas Legais.

O Código Florestal de 1965 conceituou as Áreas de Preservação Permanente como as protegidas nos termos dos artigos 2º e 3º da antiga lei, coberta ou não por vegetação nativa, com a função ambiental de preservar os recursos hídricos, a paisagem, a estabilidade geológica, a biodiversidade, o fluxo gênico de fauna e flora, proteger o solo e assegurar o bem-estar das populações humanas.

Tais áreas podiam ser instituídas *ex vi lege* (art. 2º) e por declaração do Poder Público (art. 3º), constituindo um dos instrumentos legais de controle ambiental da exploração da flora nacional, especialmente das florestas, ao lado das Unidades de Conservação e da Reserva Legal.

Durante cerca de dois anos foram debatidas no Conselho Nacional de Meio Ambiente (CONAMA) as propostas dos produtores rurais. Destas reuniões resultou a Medida Provisória nº 2.166-67/2001, que definiu os casos de utilidade pública e interesse social para fins de desmate em APPs.

Os casos mais polêmicos entre os ruralistas eram o desmate para mineração, em topo de morro e em regiões urbanas, entre outros. Em 2002, foram aprovadas as Resoluções CONAMA nº 302 e nº 303. Nessa ocasião, porém, não se conseguiu chegar a um acordo sobre a questão dos topos de morro e mineração, o que ficou para ser decidido em novas resoluções após maiores estudos (o que se deu posteriormente com a edição da Resolução CONAMA nº 369/2006).

No que diz respeito às Reservas Legais, o descontentamento dos produtores rurais com as exigências relativas à obrigatoriedade das mesmas se agravou com a edição do Decreto nº 6.514, de 22 de julho de 2008 (que regulamenta a Lei nº 9.605/1988). Em seu art. 55, o Decreto estabeleceu as penalidades de advertência e multa diária para aquele que deixasse de averbar a Reserva Legal no Cartório de Registros de Imóveis. Nos casos em que não houvesse vegetação nativa suficiente, o Decreto estabeleceu prazo para sua recomposição, regeneração ou compensação. Com as alterações introduzidas pelo Decreto nº 6.686/2008, o prazo para a regularização da Reserva Legal foi estendido para dezembro de 2009. Posteriormente, o Decreto nº 7.029/2009 ampliou o prazo para junho de 2010; e o Decreto nº 7.640/2011, para abril de 2012.

9.3 Histórico da Reserva Legal

A ideia de preservação de parte da área rural remonta ao primeiro texto legal sobre florestas brasileiras. O Código Florestal de 1934 já proibia, em seu art. 23, os proprietários de terras cobertas de matas de abaterem três quartos da vegetação existente no imóvel, salvo os casos específicos indicados na norma.

Em 15 de setembro de 1965, foi editada a Lei Federal nº 4.771, que instituiu o Código Florestal brasileiro, vigente até 28 de maio de 2012. Posteriormente alterada pela Medida Provisória nº 2.166, de 24 de agosto de 2001, a Lei nº 4.771/65 trouxe, em seu art. 1º, §2º, inciso III, o seguinte conceito de Reserva Legal:

> Reserva Legal: área localizada no interior de uma propriedade ou posse rural, excetuada a de preservação permanente, necessária ao uso sustentável dos recursos naturais, à conservação e reabilitação dos processos ecológicos, à conservação da biodiversidade e ao abrigo e proteção de fauna e flora nativas; (Incluído pela Medida Provisória nº 2.166-67, de 2001).

Em sua redação original, o dispositivo que regulamentava a Reserva Legal assim determinava:

> Art. 16. As florestas de domínio privado, não sujeitas ao regime de utilização limitada e ressalvadas as de preservação permanente, previstas nos artigos 2º e 3º desta lei, são suscetíveis de exploração, obedecidas as seguintes restrições:
>
> a) nas regiões Leste Meridional, Sul e Centro-Oeste, esta na parte sul, as derrubadas de florestas nativas, primitivas ou regeneradas, só serão permitidas, desde que seja, em qualquer caso, respeitado o limite mínimo de 20% da área de cada propriedade com cobertura arbórea localizada, a critério da autoridade competente;
>
> b) nas regiões citadas na letra anterior, nas áreas já desbravadas e previamente delimitadas pela autoridade competente, ficam proibidas as

derrubadas de florestas primitivas, quando feitas para ocupação do solo com cultura e pastagens, permitindo-se, nesses casos, apenas a extração de árvores para produção de madeira. Nas áreas ainda incultas, sujeitas a formas de desbravamento, as derrubadas de florestas primitivas, nos trabalhos de instalação de novas propriedades agrícolas, só serão toleradas até o máximo de 50% da área da propriedade;

c) na região Sul as áreas atualmente revestidas de formações florestais em que ocorre o pinheiro brasileiro, "Araucaria angustifolia" (Bert - O. Ktze), não poderão ser desflorestadas de forma a provocar a eliminação permanente das florestas, tolerando-se, somente a exploração racional destas, observadas as prescrições ditadas pela técnica, com a garantia de permanência dos maciços em boas condições de desenvolvimento e produção;

d) nas regiões Nordeste e Leste Setentrional, inclusive nos Estados do Maranhão e Piauí, o corte de árvores e a exploração de florestas só será permitida com observância de normas técnicas a serem estabelecidas por ato do Poder Público, na forma do art. 15.

Parágrafo único. Nas propriedades rurais, compreendidas na alínea a deste artigo, com área entre vinte (20) a cinqüenta (50) hectares computar-se-ão, para efeito de fixação do limite percentual, além da cobertura florestal de qualquer natureza, os maciços de porte arbóreo, sejam frutícolas, ornamentais ou industriais.[10]

E o *caput* do art. 44 complementava:

Art. 44. Na região Norte e na parte Norte da região Centro-Oeste enquanto não for estabelecido o decreto de que trata o artigo 15, a exploração a corte razo só é permissível desde que permaneça com cobertura arbórea, pelo menos 50% da área de cada propriedade.

Em 18 de julho de 1989, foi editada a Lei Federal nº 7.803, que acrescentou os parágrafos 2º e 3º ao citado art. 16, segundo os quais:

Art. 16. (...)

§2º A reserva legal, *assim entendida a área de, no mínimo, 20% (vinte por cento) de cada propriedade*, onde não é permitido o corte raso, deverá ser averbada à margem da inscrição de matrícula do imóvel, no registro de imóveis competente, sendo vedada, a alteração de sua destinação, nos casos de transmissão, a qualquer título, ou de desmembramento da área. (*Incluído pela Lei nº 7.803, de 18.7.1989*).

---

[10] BRASIL. Lei nº 4.771, de 15 de setembro de 1965.

§3º Aplica-se às *áreas de cerrado a reserva legal de 20%* (vinte por cento) para todos os efeitos legais. (*Incluído pela Lei nº 7.803, de 18.7.1989*). (grifos nossos)

Essa mesma Lei Federal incluiu o seguinte dispositivo na redação do art. 44 do Código:

> Art. 44. (...)
>
> Parágrafo único. A reserva legal, *assim entendida a área de, no mínimo, 50% (cinqüenta por cento), de cada propriedade*, onde não é permitido o corte raso, deverá ser averbada à margem da inscrição da matrícula do imóvel no registro de imóveis competente, sendo vedada a alteração de sua destinação, nos casos de transmissão, a qualquer título, ou de desmembramento da área. (*Incluído pela Lei nº 7.803, de 18.7.1989*). (grifos nossos)

Sucessivas MPs foram introduzindo alterações na conceituação da área de Reserva Legal. O Código de 1965 resultou na redação dada pela MP nº 2.166-67/2001. Ao final, os artigos 16 e 44 vigoravam com a seguinte redação, antes de serem revogados pela Lei nº 12.651/2012:

> Art. 16. As florestas e outras formas de vegetação nativa, ressalvadas as situadas em área de preservação permanente, assim como aquelas não sujeitas ao regime de utilização limitada ou objeto de legislação específica, são suscetíveis de supressão, desde que sejam mantidas, a título de reserva legal, no mínimo: (*Redação dada pela Medida Provisória nº 2.166-67, de 2001*)
>
> I - oitenta por cento, na propriedade rural situada em área de floresta localizada na Amazônia Legal; (*Incluído pela Medida Provisória nº 2.166-67, de 2001*)
>
> II - trinta e cinco por cento, na propriedade rural situada em área de cerrado localizada na Amazônia Legal, sendo no mínimo vinte por cento na propriedade e quinze por cento na forma de compensação em outra área, desde que esteja localizada na mesma microbacia, e seja averbada nos termos do §7º deste artigo; (*Incluído pela Medida Provisória nº 2.166-67, de 2001*)
>
> III - vinte por cento, na propriedade rural situada em área de floresta ou outras formas de vegetação nativa localizada nas demais regiões do País; e (*Incluído pela Medida Provisória nº 2.166-67, de 2001*)
>
> IV - vinte por cento, na propriedade rural em área de campos gerais localizada em qualquer região do País. (*Incluído pela Medida Provisória nº 2.166-67, de 2001*) (...)

§6º Será admitido, pelo órgão ambiental competente, o cômputo das áreas relativas à vegetação nativa existente em área de preservação permanente no cálculo do percentual de reserva legal, desde que não implique em conversão de novas áreas para o uso alternativo do solo, e quando a soma da vegetação nativa em área de preservação permanente e reserva legal exceder a: (*Incluído pela Medida Provisória nº 2.166-67, de 2001*)

I - oitenta por cento da propriedade rural localizada na Amazônia Legal; (*Incluído pela Medida Provisória nº 2.166-67, de 2001*)

II - cinqüenta por cento da propriedade rural localizada nas demais regiões do País; e (*Incluído pela Medida Provisória nº 2.166-67, de 2001*)

III - vinte e cinco por cento da pequena propriedade definida pelas alíneas "b" e "c" do inciso I do §2º do art. 1º. (*Incluído pela Medida Provisória nº 2.166-67, de 2001*)

A MP nº 2.166/2001 alterou o art. 16 do Código Florestal e acrescentou o §6º, permitindo o cômputo no cálculo da Reserva Legal das áreas declaradas como Áreas de Preservação Permanente, exclusivamente naqueles casos em que a soma da RL e da APP exceda a 50% da área total da propriedade, autorizando os proprietários a explorar melhor o potencial produtivo de suas propriedades.

A Lei de 1965 já restringia a exploração econômica da propriedade, sujeitando sua utilização ao regime de manejo sustentável. Sua localização era ditada pelo órgão ambiental estadual e possibilitava, no cálculo do seu percentual, o cômputo das áreas relativas à vegetação nativa existente em APP em certos casos previstos no art. 16, §6º.

O Código de 1965 acabou revogado pela Lei nº 12.651, de 25 de maio de 2012, publicada com vetos no *DOU* em 28 de maio de 2012, juntamente com a MP nº 571, vindo a ser posteriormente alterada pela Lei nº 12.727, de 18 de outubro de 2012, que converteu a MP nº 571. Esta lei teve uma tramitação tumultuada, com divergências importantes entre as bancadas ruralista e ambientalista, tanto na Câmara de Deputados como no Senado Federal. Também no mesmo dia 18 de outubro foi publicado o Decreto nº 7.830, regulamentando a Lei nº 12.727 e outros dispositivos vetados pela Presidenta.

9.4 Análise das mudanças no diploma

No art. 2º, a nova Lei nº 12.651 reconhece as florestas e vegetações nativas como um bem de interesse comum, mantendo as limitações administrativas ao direito de propriedade sobre elas, reafirmando a

106 EDNA CARDOZO DIAS
DIREITO AMBIENTAL NO ESTADO DEMOCRÁTICO DE DIREITO

responsabilidade civil objetiva — já prevista no §1º do art. 14, da Lei nº 6.938/1981 — por qualquer dano causado a elas, concomitantemente com as responsabilidades administrativa e penal, bem como sua característica *propter rem*, ou seja, as obrigações ambientais de recuperação de áreas degradadas são transmitidas ao sucessor do imóvel (art. 7º). Vejamos:

> **Art. 2º** As florestas existentes no território nacional e as demais formas de vegetação nativa, reconhecidas de utilidade às terras que revestem, são bens de interesse comum a todos os habitantes do País, exercendo-se os direitos de propriedade com as limitações que a legislação em geral e especialmente esta Lei estabelecem.
>
> **§1º** Na utilização e exploração da vegetação, as ações ou omissões contrárias às disposições desta Lei são consideradas uso irregular da propriedade, aplicando-se o procedimento sumário previsto no inciso II do art. 275 da Lei nº 5.869, de 11 de janeiro de 1973 – Código de Processo Civil, sem prejuízo da responsabilidade civil, nos termos do §1º do art. 14 da Lei nº 6.938, de 31 de agosto de 1981, e das sanções administrativas, civis e penais.
>
> **§2º** As obrigações previstas nesta Lei têm natureza real e são transmitidas ao sucessor, de qualquer natureza, no caso de transferência de domínio ou posse do imóvel rural.[11]

O novo Código Florestal manteve o conceito de APP e não trouxe significativas alterações na definição de Reserva Legal, mas introduziu o conceito de área rural consolidada e alterou a conceituação de pequena propriedade ou posse rural familiar:

> **Art. 3º** Para os efeitos desta Lei, entende-se por:
>
> I - (...)
>
> II - Área de Preservação Permanente – APP: área protegida, coberta ou não por vegetação nativa, com a função ambiental de preservar os recursos hídricos, a paisagem, a estabilidade geológica e a biodiversidade, facilitar o fluxo gênico de fauna e flora, proteger o solo e assegurar o bem-estar das populações humanas;
>
> III - Reserva Legal: área localizada no interior de uma propriedade ou posse rural, delimitada nos termos do art. 12, *com a função de assegurar o uso econômico de modo sustentável dos recursos naturais do imóvel rural,* auxiliar a conservação e a reabilitação dos processos ecológicos e promover a conservação da biodiversidade, bem como o abrigo e a proteção de fauna silvestre e da flora nativa;

---

[11] BRASIL. Lei nº 12.651, de 25 de maio de 2012.

IV - *área rural consolidada*: área de imóvel rural com ocupação antrópica preexistente a 22 de julho de 2008, com edificações, benfeitorias ou atividades agrossilvipastoris, admitida, neste último caso, a adoção do regime de pousio;

V - pequena propriedade ou posse rural familiar: aquela explorada mediante o trabalho pessoal do *agricultor familiar e empreendedor familiar rural*, incluindo os assentamentos e projetos de reforma agrária, e que atenda ao disposto no art. 3º da Lei nº 11.326, de 24 de julho de 2006; (...). (grifos nossos)[12]

Quanto à delimitação das APPs em zonas rurais ou urbanas, verifica-se a criação, pelo novo diploma, de novas faixas (inciso II), a abrangência de novas áreas (inciso VII) e a delimitação nas áreas de morros (inciso IX). Veja-se o art. 4º:

Art. 4º Considera-se Área de Preservação Permanente, em zonas rurais ou urbanas, para os efeitos desta Lei:

I - as faixas marginais de qualquer curso d'água natural perene e inter-mitente, excluídos os efêmeros, desde a borda da calha do leito regular, em largura mínima de: (*Incluído pela Lei nº 12.727, de 2012*)

a) 30 (trinta) metros, para os cursos d'água de menos de 10 (dez) metros de largura;

b) 50 (cinquenta) metros, para os cursos d'água que tenham de 10 (dez) a 50 (cinquenta) metros de largura;

c) 100 (cem) metros, para os cursos d'água que tenham de 50 (cinquenta) a 200 (duzentos) metros de largura;

d) 200 (duzentos) metros, para os cursos d'água que tenham de 200 (duzentos) a 600 (seiscentos) metros de largura;

e) 500 (quinhentos) metros, para os cursos d'água que tenham largura superior a 600 (seiscentos) metros;

II - as áreas no entorno dos lagos e lagoas naturais, em faixa com largura mínima de:

a) *100 (cem) metros, em zonas rurais, exceto para o corpo d'água com até 20 (vinte) hectares de superfície, cuja faixa marginal será de 50 (cinquenta) metros;*

b) *30 (trinta) metros, em zonas urbanas;*

III - as áreas no entorno dos reservatórios d'água artificiais, decorrentes de barramento ou represamento de cursos d'água naturais, na faixa definida na licença ambiental do empreendimento; (*Incluído pela Lei nº 12.727, de 2012*)

---

[12] BRASIL. Lei nº 12.651, de 25 de maio de 2012.

IV - as áreas no entorno das nascentes e dos olhos d'água perenes, qualquer que seja sua situação topográfica, no raio mínimo de 50 (cinquenta) metros; (*Redação dada pela Lei nº 12.727, de 2012*)

V - as encostas ou partes destas com declividade superior a 45º, equivalente a 100% (cem por cento) na linha de maior declive;

VI - as restingas, como fixadoras de dunas ou estabilizadoras de mangues;

VII - *os manguezais, em toda a sua extensão*;

VIII - as bordas dos tabuleiros ou chapadas, até a linha de ruptura do relevo, em faixa nunca inferior a 100 (cem) metros em projeções horizontais;

IX - no topo de morros, montes, montanhas e serras, *com altura mínima de 100 (cem) metros e inclinação média maior que 25º, as áreas delimitadas a partir da curva de nível correspondente a 2/3 (dois terços) da altura mínima da elevação sempre em relação à base, sendo esta definida pelo plano horizontal determinado por planície ou espelho d'água adjacente ou, nos relevos ondulados, pela cota do ponto de sela mais próximo da elevação*;

X - as áreas em altitude superior a 1.800 (mil e oitocentos) metros, qualquer que seja a vegetação;

XI - em veredas, a faixa marginal, em projeção horizontal, com largura mínima de 50 (cinquenta) metros, a partir do espaço permanentemente brejoso e encharcado. (*Redação dada pela Lei nº 12.727, de 2012*) (grifos nossos)[13]

Nas encostas de declividade de 45º, a nova lei permite que, nos casos de pequena propriedade ou posse familiar, se proceda a culturas temporárias e sazonais de vazante de ciclo curto (§5º do art. 4º).

Na implantação de reservatório d'água artificial em área urbana destinado à geração de energia ou abastecimento público, a MP nº 571/2012 (confirmada pela Lei nº 12.727) detalhou a faixa destinada à servidão administrativa, limitando a largura máxima em 30 (trinta) metros (art. 5º, *caput*), sendo que o licenciamento ambiental no entorno dos referidos reservatórios dependerá da elaboração de Plano Ambiental de Conservação e Uso do Entorno do Reservatório.[14]

A intervenção e supressão nas APPs já eram permitidas nos casos de utilidade pública e interesse social, sendo essas duas hipóteses ampliadas em relação à legislação anterior (art. 3º, incisos VIII, IX e X). A nova lei adicionou a possibilidade de se desmatar em caso de atividade de baixo impacto ambiental (art. 8º), figura inexistente aos olhos do regime anterior.

---

[13] BRASIL. Lei nº 12.727, de 17 de outubro de 2012.

[14] BRASIL. Medida Provisória nº 571, de 25 de maio de 2012.

No entanto, há exceções, como nos casos de nascentes, dunas e restingas, para os quais somente será permitida supressão ou intervenção em caso de utilidade pública. Para garantir a segurança nacional ou a defesa civil, se houver urgência, fica dispensada a autorização prévia para a intervenção ou supressão.

São casos de utilidade pública e de interesse social da nova lei, respectivamente, os seguintes, destacando-se as inclusões:

Art. 3º Para os efeitos desta Lei, entende-se por: (...)

VIII - utilidade pública:

a) as atividades de segurança nacional e proteção sanitária;

b) as obras de infraestrutura destinadas às concessões e aos serviços públicos de transporte, sistema viário, inclusive aquele necessário aos parcelamentos de solo urbano aprovados pelos Municípios, saneamento, *gestão de resíduos*, energia, telecomunicações, radiodifusão, *instalações necessárias à realização de competições esportivas estaduais, nacionais ou internacionais, bem como mineração, exceto, neste último caso, a extração de areia, argila, saibro e cascalho;*

c) *atividades e obras de defesa civil;*

d) *atividades que comprovadamente proporcionem melhorias na proteção das funções ambientais referidas no inciso II deste artigo;*

e) *outras atividades similares devidamente caracterizadas e motivadas em procedimento administrativo próprio, quando inexistir alternativa técnica e locacional ao empreendimento proposto, definidas em ato do Chefe do Poder Executivo federal;* (...)

IX - interesse social:

a) as atividades imprescindíveis à proteção da integridade da vegetação nativa, tais como prevenção, combate e controle do fogo, controle da erosão, erradicação de invasoras e proteção de plantios com espécies nativas;

b) a exploração agroflorestal sustentável praticada na pequena propriedade ou posse rural familiar ou por povos e comunidades tradicionais, desde que não descaracterize a cobertura vegetal existente e não prejudique a função ambiental da área;

c) *a implantação de infraestrutura pública destinada a esportes, lazer e atividades educacionais e culturais ao ar livre em áreas urbanas e rurais consolidadas, observadas as condições estabelecidas nesta Lei;*

d) *a regularização fundiária de assentamentos humanos ocupados predominantemente por população de baixa renda em áreas urbanas consolidadas, observadas as condições estabelecidas na Lei nº 11.977, de 7 de julho de 2009;*

e) *implantação de instalações necessárias à captação e condução de água e de efluentes tratados para projetos cujos recursos hídricos são partes integrantes e essenciais da atividade;*

f) *as atividades de pesquisa e extração de areia, argila, saibro e cascalho, outorgadas pela autoridade competente;*

g) *outras atividades similares devidamente caracterizadas e motivadas em procedimento administrativo próprio, quando inexistir alternativa técnica e locacional à atividade proposta, definidas em ato do Chefe do Poder Executivo federal;* (grifos nossos)

Inovação trazida pela Lei nº 12.651/2012, são consideradas atividades de baixo impacto:

Art. 3º Para os efeitos desta Lei, entende-se por: (...)

X - atividades eventuais ou de baixo impacto ambiental:

a) abertura de pequenas vias de acesso interno e suas pontes e pontilhões, quando necessárias à travessia de um curso d'água, ao acesso de pessoas e animais para a obtenção de água ou à retirada de produtos oriundos das atividades de manejo agroflorestal sustentável;

b) implantação de instalações necessárias à captação e condução de água e efluentes tratados, desde que comprovada a outorga do direito de uso da água, quando couber;

c) implantação de trilhas para o desenvolvimento do ecoturismo;

d) construção de rampa de lançamento de barcos e pequeno ancoradouro;

e) construção de moradia de agricultores familiares, remanescentes de comunidades quilombolas e outras populações extrativistas e tradicionais em áreas rurais, onde o abastecimento de água se dê pelo esforço próprio dos moradores;

f) construção e manutenção de cercas na propriedade;

g) pesquisa científica relativa a recursos ambientais, respeitados outros requisitos previstos na legislação aplicável;

h) coleta de produtos não madeireiros para fins de subsistência e produção de mudas, como sementes, castanhas e frutos, respeitada a legislação específica de acesso a recursos genéticos;

i) plantio de espécies nativas produtoras de frutos, sementes, castanhas e outros produtos vegetais, desde que não implique supressão da vegetação existente nem prejudique a função ambiental da área;

j) exploração agroflorestal e manejo florestal sustentável, comunitário e familiar, incluindo a extração de produtos florestais não madeireiros, desde que não descaracterizem a cobertura vegetal nativa existente nem prejudiquem a função ambiental da área;

k) outras ações ou atividades similares, reconhecidas como eventuais e de baixo impacto ambiental em ato do Conselho Nacional do Meio Ambiente – CONAMA ou dos Conselhos Estaduais de Meio Ambiente;

Como se pode constatar, com a nova legislação, o interesse público não é voltado apenas para a proteção da integridade da floresta, ficando também nela compreendidas situações tais como a exploração agroflorestal sustentável praticada na pequena propriedade ou posse rural familiar ou por povos e comunidades tradicionais; a implantação de infraestrutura pública destinada a esportes, lazer e atividades educacionais e culturais ao ar livre; as atividades de pesquisa e extração de areia, argila, saibro e cascalho, outorgadas pela autoridade competente, entre outras.

A nova lei cria as áreas de uso restrito nos pantanais e planícies pantaneiras, onde fica permitida a exploração ecologicamente sustentável, com autorização do órgão estadual. O uso restrito ainda se aplica às áreas de inclinação de 25º e 45º, onde poderão ser autorizadas atividades agrossilvipastoris, observadas as boas práticas agronômicas e o manejo sustentável (arts. 10 e 11).

Quanto às medidas adotadas em relação à manutenção da Reserva Legal nas áreas localizadas na Amazônia Legal e demais regiões do País, foram mantidos os mesmos percentuais da legislação anterior. Porém, enquanto no diploma revogado essas áreas não abarcavam as APPs (salvo no caso do §6º do art. 16, alteração introduzida pela MP nº 2.166/2001), no novo diploma, elas as incluem, provocando na verdade uma diminuição das faixas de proteção da vegetação nativa. Vejam-se os dispositivos correspondentes nos dois diplomas:

Lei nº 4.771:

Art. 16. As florestas e outras formas de vegetação nativa, *ressalvadas as situadas em área de preservação permanente*, assim como aquelas não sujeitas ao regime de utilização limitada ou objeto de legislação específica, são suscetíveis de supressão, desde que sejam mantidas, a título de reserva legal, no mínimo: (*Redação dada pela Medida Provisória nº 2.166-67, de 2001*)

I - oitenta por cento, na propriedade rural situada em área de floresta localizada na Amazônia Legal; (*Incluído pela Medida Provisória nº 2.166-67, de 2001*)

II - trinta e cinco por cento, na propriedade rural situada em área de cerrado localizada na Amazônia Legal, sendo no mínimo vinte por cento na propriedade e quinze por cento na forma de compensação em outra área, desde que esteja localizada na mesma microbacia, e seja averbada nos termos do §7º deste artigo; (*Incluído pela Medida Provisória nº 2.166-67, de 2001*)

III - vinte por cento, na propriedade rural situada em área de floresta ou outras formas de vegetação nativa localizada nas demais regiões do País; e (*Incluído pela Medida Provisória nº 2.166-67, de 2001*)

EDNA CARDOZO DIAS
DIREITO AMBIENTAL NO ESTADO DEMOCRÁTICO DE DIREITO

IV - vinte por cento, na propriedade rural em área de campos gerais localizada em qualquer região do País. (*Incluído pela Medida Provisória nº 2.166-67, de 2001*) (grifos nossos)

Lei nº 12.651:

Art. 12. Todo imóvel rural deve manter área com cobertura de vegetação nativa, a título de Reserva Legal, *sem prejuízo da aplicação das normas sobre as Áreas de Preservação Permanente*, observados os seguintes percentuais mínimos em relação à área do imóvel, *excetuados os casos previstos no art. 68 desta Lei.* (*Redação dada pela Lei nº 12.727, de 2012*)

I - localizado na Amazônia Legal:

a) 80% (oitenta por cento), no imóvel situado em área de florestas;

b) 35% (trinta e cinco por cento), no imóvel situado em área de cerrado;

c) 20% (vinte por cento), no imóvel situado em área de campos gerais;

II - localizado nas demais regiões do País: 20% (vinte por cento). (grifos nossos)

A Amazônia Legal, de acordo com os dois diplomas, compreende os Estados do Acre, Pará, Amazonas, Roraima, Rondônia, Amapá e Mato Grosso e as regiões situadas ao norte do paralelo 13° S, dos Estados de Tocantins e Goiás, e ao oeste do meridiano de 44° W, do Estado do Maranhão.

De acordo com a legislação anterior, não era permitida a computação das APPs no cálculo do percentual da Reserva Legal, agora permitida pelo art. 15 da nova Lei, desde que obedecidas as condicionantes dos incisos I a III:

Art. 15. *Será admitido o cômputo das Áreas de Preservação Permanente no cálculo do percentual da Reserva Legal do imóvel*, desde que:

I - o benefício previsto neste artigo não implique a conversão de novas áreas para o uso alternativo do solo;

II - a área a ser computada esteja conservada ou em processo de recuperação, conforme comprovação do proprietário ao órgão estadual integrante do Sisnama; e

III - o proprietário ou possuidor tenha requerido inclusão do imóvel no Cadastro Ambiental Rural – CAR, nos termos desta Lei. (grifos nossos)

A Lei nº 12.727 incluiu os parágrafos 3º e 4º no art. 15:

Art. 15. (...)

§3º O cômputo de que trata o *caput* aplica-se a todas as modalidades de cumprimento da Reserva Legal, abrangendo a regeneração, a recomposição e a compensação. *(Redação dada pela Lei nº 12.727, de 2012)*

§4º É dispensada a aplicação do inciso I do *caput* deste artigo, quando as Áreas de Preservação Permanente conservadas ou em processo de recuperação, somadas às demais florestas e outras formas de vegetação nativa existentes em imóvel, ultrapassarem: *(Incluído pela Lei nº 12.727, de 2012)*

I - 80% (oitenta por cento) do imóvel rural localizado em áreas de floresta na Amazônia Legal; e *(Incluído pela Lei nº 12.727, de 2012)*

II - (Vetado). *(Incluído pela Lei nº 12.727, de 2012)*

Outro ponto a se destacar na Lei nº 12.651/2012 é a disposição do art. 68, desobrigando aqueles proprietários ou possuidores que realizaram supressão de mata nativa respeitando os percentuais da lei anterior, de efetuar a regeneração ou compensação do desmate nos percentuais da nova lei:

> Art. 68. Os proprietários ou possuidores de imóveis rurais que realizaram supressão de vegetação nativa *respeitando os percentuais* de Reserva Legal previstos pela legislação em vigor à época em que ocorreu a supressão *são dispensados de promover a recomposição, compensação ou regeneração* para os percentuais exigidos nesta Lei.
>
> §1º Os proprietários ou possuidores de imóveis rurais poderão provar essas situações consolidadas por documentos tais como a descrição de fatos históricos de ocupação da região, registros de comercialização, dados agropecuários da atividade, contratos e documentos bancários relativos à produção, e por todos os outros meios de prova em direito admitidos.
>
> §2º Os proprietários ou possuidores de imóveis rurais, na Amazônia Legal, e seus herdeiros necessários que possuam índice de Reserva Legal maior que 50% (cinquenta por cento) de cobertura florestal e não realizaram a supressão da vegetação nos percentuais previstos pela legislação em vigor à época poderão utilizar a área excedente de Reserva Legal também para fins de constituição de servidão ambiental, Cota de Reserva Ambiental – CRA e outros instrumentos congêneres previstos nesta Lei. (grifos nossos)

Dentre as medidas apresentadas pela Lei no art. 68, a compensação ambiental é uma alternativa autorizada em casos cujo dano seja inevitável ou se torne indispensável para evitar um mal maior. Já a composição ambiental pode se dar em área excedente do limite legal do proprietário ou em propriedade de terceiro sob a forma de arrendamento de área sob regime de servidão florestal, aquisição de cota de reserva florestal ou condomínio. O regime de condomínio é instituído entre vários imóveis, respeitado o percentual legal em relação a cada imóvel, mediante aprovação do órgão ambiental competente.

A lei prevê alguns casos de desoneração da obrigação de manter a Reserva Legal. Não estão sujeitos à obrigatoriedade de manutenção, por exemplo, as áreas adquiridas para instalação de esgoto, rodovias e ferrovias, bem como áreas com autorização para exploração de potencial de energia hidráulica (art. 12, parágrafos 6º, 7º e 8º).

Os imóveis inscritos no Cadastro Ambiental Rural (CAR) não necessitam averbar a Reserva Legal no Cartório de Registro de Imóveis, estando o CAR vinculado ao Sistema Nacional de Informação sobre Meio Ambiente (SINIMA), sendo registro público eletrônico de âmbito nacional, obrigatório para todos os imóveis rurais. O proprietário, ao inscrever o imóvel no CAR mediante apresentação dos documentos exigíveis, firma Termo de Compromisso junto ao órgão competente do SISNAMA, com força de título executivo extrajudicial, o qual deve explicitar a área da Reserva e as obrigações assumidas pelo possuidor do imóvel (art. 18).

O CAR foi regulamentado pelo Decreto nº 7.830, publicado no *DOU* em 18 de outubro de 2012, e dispõe sobre o Sistema de Cadastro Ambiental Rural estabelecendo normas de caráter geral aos Programas de Regularização Ambiental.

O Decreto conceitua o Cadastro Ambiental (SICAR) como sistema eletrônico de âmbito nacional destinado ao gerenciamento de informações ambientais dos imóveis rurais. Também define o Cadastro Ambiental Rural (CAR), como o registro eletrônico de abrangência nacional junto ao órgão ambiental competente, no âmbito do Sistema Nacional de Informação sobre Meio Ambiente (SINIMA), obrigatório para todos os imóveis rurais, com a finalidade de integrar as informações ambientais das propriedades e posses rurais, compondo base de dados para controle, monitoramento, planejamento ambiental e econômico e combate ao desmatamento.

A Reserva Legal deve ser inscrita no CAR mediante apresentação da planta e memorial descritivo (art. 18 e §1º da Lei nº 12.651).

A área onde será localizada a Reserva Legal terá que seguir os critérios definidos no art. 14 da Lei nº 12.651/12:

> Art. 14. A localização da área de Reserva Legal no imóvel rural deverá levar em consideração os seguintes estudos e critérios:

I - o plano de bacia hidrográfica;

II - o Zoneamento Ecológico-Econômico

III - a formação de corredores ecológicos com outra Reserva Legal, com Área de Preservação Permanente, com Unidade de Conservação ou com outra área legalmente protegida;

IV - as áreas de maior importância para a conservação da biodiversidade; e

V - as áreas de maior fragilidade ambiental.

A Lei nº 12.651, de 25.05.2012, incluiu o §2º no art. 14, determinando que, uma vez protocolada a documentação exigida para a análise da localização da área de Reserva Legal, ao proprietário ou possuidor rural não poderá ser imputada sanção administrativa, inclusive restrição a direitos, em razão da não formalização da área de Reserva Legal. A Lei nº 12.727, de 17.10.2012, especificou que nenhum órgão ambiental competente integrante do Sisnama pode atribuir a sanção administrativa nesse caso.

Se o imóvel rural se localizar em área urbana, por força de lei municipal, o proprietário não fica desobrigado de manter a Reserva Legal preservada, exceto no caso em que, concomitantemente, for registrado o parcelamento do solo para fins urbanos, devendo o registro ser previamente aprovado por lei municipal e consoante as diretrizes do Plano Diretor (art. 19 da Lei nº 12.651). Ressalte-se que a nova lei desconsiderou o plano diretor como critério para *a criação de reserva legal*, critério existente no diploma anterior (art. 16, §4º, II), mas exigiu, no caso de *extinção da reserva legal* por parcelamento do solo para fins urbanos, a consonância com tal plano.

Em caso de fracionamento do imóvel, em qualquer hipótese será considerada a área que o imóvel possuía antes do fracionamento.

Outras questões importantes de se registrar são a liberdade de coleta de produtos não madeireiros na área de Reserva Legal (art. 3º, X, *h*) e a permissão de atividades comerciais (pelo órgão ambiental competente) e não comerciais através do manejo sustentável, desde que obedeçam aos requisitos estabelecidos na lei (art. 17, §1º).

O art. 17 da Lei nº 12.727 veio introduzir obrigação importante em seu §3º, qual seja, a suspensão imediata das atividades em área de Reserva Legal desmatada irregularmente após 22 de julho de 2008.

Em relação às áreas verdes urbanas, o Poder Público tem o direito de preempção na aquisição das áreas de remanescentes florestais, podendo transformar as Reservas Legais em áreas verdes nas expansões urbanas e, por ocasião da autorização de loteamentos, estabelecer exigência de percentuais e aplicar em tais áreas os recursos oriundos da compensação ambiental (art. 25).

Diante de todas essas alterações, é importante ressaltar que o veto mais polêmico da Presidenta Dilma diz respeito às disposições transitórias da nova lei, mais precisamente ao art. 61, que trata de atividades em áreas consolidadas em APPs. Segundo a alteração da MP nº 571/2012, somente será permitida a continuidade de atividades agrossilvipastoris, e em áreas utilizadas para ecoturismo, bem como turismo rural, se tais atividades tiverem sido consolidadas até 22 de julho de 2008, data de referência do Decreto nº 6.514, de 22 de julho de 2008, que dispõe sobre as infrações e sanções administrativas ao meio ambiente e estabelece o processo administrativo federal cabível.

Com a redação dada pela Lei nº 12.727 ao art. 61-A, nas Áreas de Preservação Permanente, é autorizada, exclusivamente, a continuidade das atividades agrossilvipastoris, de ecoturismo e de turismo rural em áreas rurais consolidadas até 22 de julho de 2008.

Nos parágrafos do art. 61-A (introduzido pela MP nº 571/2012 e alterado pela Lei nº 12.727), são estabelecidas as regras de recomposição das APPs em áreas de rio já degradadas, proporcionalmente aos módulos fiscais. A recomposição ficou condicionada ao tamanho da propriedade e não ao modelo de produção familiar.

A obrigatoriedade de recuperação da área desmatada foi objeto de grande impasse durante a tramitação da Lei no Congresso Nacional. O inciso I do §4º do art. 61-A da Lei nº 12.727/12 foi vetado pela presidência, valendo a redação dada pelo Decreto nº 7.830, art. 19, que estabeleceu as seguintes medidas como obrigatórias de recuperação, de acordo com o tamanho da área em módulos fiscais:

Art. 19. A recomposição das Áreas de Preservação Permanente poderá ser feita, isolada ou conjuntamente, pelos seguintes métodos:

I - condução de regeneração natural de espécies nativas;

II - plantio de espécies nativas;

III - plantio de espécies nativas conjugado com a condução da regeneração natural de espécies nativas; e

IV - plantio intercalado de espécies lenhosas, perenes ou de ciclo longo, exóticas com nativas de ocorrência regional, em até cinquenta por cento da área total a ser recomposta, no caso dos imóveis a que se refere o inciso V do *caput* do art. 3º da Lei nº 12.651, de 2012

§1º Para os imóveis rurais com área de até um módulo fiscal que possuam áreas consolidadas em Áreas de Preservação Permanente ao longo de

CAPÍTULO 9
A FLORA E AS ÁREAS ESPECIALMENTE PROTEGIDAS

cursos d'água naturais, será obrigatória a recomposição das respectivas faixas marginais em cinco metros, contados da borda da calha do leito regular, independentemente da largura do curso d'água.

§2º Para os imóveis rurais com área superior a um módulo fiscal e de até dois módulos fiscais que possuam áreas consolidadas em Áreas de Preservação Permanente ao longo de cursos d'água naturais, será obrigatória a recomposição das respectivas faixas marginais em oito metros, contados da borda da calha do leito regular, independentemente da largura do curso d'água.

§3º Para os imóveis rurais com área superior a dois módulos fiscais e de até quatro módulos fiscais que possuam áreas consolidadas em Áreas de Preservação Permanente ao longo de cursos d'água naturais, será obrigatória a recomposição das respectivas faixas marginais em quinze metros, contados da borda da calha do leito regular, independentemente da largura do curso d'água.

§4º Para fins do que dispõe o inciso II do §4º do art. 61-A da Lei nº 12.651, de 2012, a recomposição das faixas marginais ao longo dos cursos d'água naturais será de, no mínimo:

I - vinte metros, contados da borda da calha do leito regular, para imóveis com área superior a quatro e de até dez módulos fiscais, nos cursos d'água com até dez metros de largura; e

II - nos demais casos, extensão correspondente à metade da largura do curso d'água, observado o mínimo de trinta e o máximo de cem metros, contados da borda da calha do leito regular.

§5º Nos casos de áreas rurais consolidadas em Áreas de Preservação Permanente no entorno de nascentes e olhos d'água perenes, será admitida a manutenção de atividades agrossilvipastoris, de ecoturismo ou de turismo rural, sendo obrigatória a recomposição do raio mínimo de quinze metros.

§6º Para os imóveis rurais que possuam áreas consolidadas em Áreas de Preservação Permanente no entorno de lagos e lagoas naturais, será admitida a manutenção de atividades agrossilvipastoris, de ecoturismo ou de turismo rural, sendo obrigatória a recomposição de faixa marginal com largura mínima de:

I - cinco metros, para imóveis rurais com área de até um módulo fiscal;

II - oito metros, para imóveis rurais com área superior a um módulo fiscal e de até dois módulos fiscais;

III - quinze metros, para imóveis rurais com área superior a dois módulos fiscais e de até quatro módulos fiscais; e

IV - trinta metros, para imóveis rurais com área superior a quatro módulos fiscais.

§7º Nos casos de áreas rurais consolidadas em veredas, será obrigatória a recomposição das faixas marginais, em projeção horizontal, delimitadas a partir do espaço brejoso e encharcado, de largura mínima de:

I - trinta metros, para imóveis rurais com área de até quatro módulos fiscais; e

II - cinquenta metros, para imóveis rurais com área superior a quatro módulos fiscais.

§8º Será considerada, para os fins do disposto neste artigo, a área detida pelo imóvel rural em 22 de julho de 2008.[15]

Dentre os doze vetos à Lei nº 12.651, o referente ao art. 61 é dos mais polêmicos, e foi também a questão mais controversa na votação da MP no Congresso. A Presidenta voltou a vetar alguns dispositivos da Lei nº 12.727/12, que regulamentava a questão, modificando a redação da MP nº 571/12. Por fim, o Decreto nº 7.830 veio para por fim à discussão. Com a Lei nº 12.727, o art. 62-B e o art. 62-C ficaram com a seguinte redação:

Art. 61-B. Aos proprietários e possuidores dos imóveis rurais que, em 22 de julho de 2008, detinham até 10 (dez) módulos fiscais e desenvolviam atividades agrossilvipastoris nas áreas consolidadas em Áreas de Preservação Permanente é garantido que a exigência de recomposição, nos termos desta Lei, somadas todas as Áreas de Preservação Permanente do imóvel, não ultrapassará:

I - 10% (dez por cento) da área total do imóvel, para imóveis rurais com área de até 2 (dois) módulos fiscais;

II - 20% (vinte por cento) da área total do imóvel, para imóveis rurais com área superior a 2 (dois) e de até 4 (quatro) módulos fiscais;

III - (Vetado).

Art. 61-C. Para os assentamentos do Programa de Reforma Agrária, a recomposição de áreas consolidadas em Áreas de Preservação Permanente ao longo ou no entorno de cursos d'água, lagos e lagoas naturais observará as exigências estabelecidas no art. 61-A, observados os limites de cada área demarcada individualmente, objeto de contrato de concessão de uso, até a titulação por parte do Instituto Nacional de Colonização e Reforma Agrária – Incra.[16]

A proteção da vegetação ficou reduzida em relação à legislação a anterior. O art. 63 admite, em áreas consolidadas, a manutenção de atividades florestais, culturas de espécies lenhosas, perenes ou de ciclo longo, bem como infraestrutura associada a atividade agrossilvipastoril em áreas de topo de morro, encostas, taboleiros, chapadas.

---

[15] BRASIL. Decreto nº 7.830, de 17 de outubro de 2012.

[16] BRASIL. Lei nº 12.727, de 17 de outubro de 2012.

O PL nº 1.876, entregue à Presidenta Dilma Rousseff, exigia somente a recuperação de vegetação em margens dos rios até 10 metros de largura, não mencionando a recuperação em margens de rios mais largos. A MP nº 571/2012 desconsiderou, portanto, a largura dos rios, estabelecendo a recuperação segundo o tamanho da propriedade, avaliado, por sua vez, segundo o módulo fiscal.

A diferença entre módulo rural e fiscal reside em que o primeiro é calculado para cada imóvel rural em separado, e sua área reflete o tipo de exploração predominante no imóvel rural, segundo sua região de localização. Já o módulo fiscal é estabelecido para cada município, e procura refletir a área mediana dos módulos rurais dos imóveis rurais do município.

Diante de tantas alterações lesivas ao meio ambiente, e da ineficácia das medidas preventivas isoladamente, surge o art. 41, II, *c*, da nova lei, criando a possibilidade de concessão de incentivo àqueles que, de alguma forma, promoverem o desenvolvimento ecologicamente sustentável:

> Art. 41. É o Poder Executivo federal autorizado a instituir, sem prejuízo do cumprimento da legislação ambiental, *programa de apoio e incentivo* à conservação do meio ambiente, bem como para adoção de tecnologias e boas práticas que conciliem a produtividade agropecuária e florestal, com redução dos impactos ambientais, como forma de promoção do desenvolvimento ecologicamente sustentável, observados sempre os critérios de progressividade, abrangendo as seguintes categorias e linhas de ação: (*Redação dada pela Lei nº 12.727, de 2012)* (...)
>
> II - compensação pelas medidas de conservação ambiental necessárias para o cumprimento dos objetivos desta Lei, utilizando-se dos seguintes instrumentos, dentre outros: (...)
>
> c) *dedução* das Áreas de Preservação Permanente, de Reserva Legal e de uso restrito *da base de cálculo do Imposto sobre a Propriedade Territorial Rural* – ITR, gerando créditos tributários; (...). (grifos nossos)

O incentivo da dedução da base de cálculo do ITR da alínea *c* tem como fundamento o princípio do protetor-recebedor, que apareceu pela primeira vez no ordenamento jurídico brasileiro na Lei nº 12.305/2010 (Política Nacional de Resíduos Sólidos). Esse princípio recomenda a instituição de incentivos ou compensações financeiras a título do serviço ambiental prestado pelo protetor. Com base nele, o agente que praticou uma conduta ambientalmente positiva é remunerado de alguma forma, seja através de incentivo fiscal ou outro benefício.

9.5 Repercussões do novo Código Florestal e da MP nº 571

Apresentado pelo então Deputado Federal Sérgio Carvalho, do PSDB/RO, como Projeto de Lei nº 1.876, em outubro de 1999,[17] a proposição de reforma do Código Florestal somente ingressou no ordenamento jurídico em 25 de maio de 2012. Durante esse longo período, recebeu apensos de inúmeros outros projetos de lei, gerando intensos debates entre as bancadas ruralista e ambientalista das duas Casas do Congresso, e provocando, nos dois últimos anos, a discussão do tema pela população em geral, especialmente por meio das mídias digitais.

Quando do envio da redação final do PL nº 1.876 à Presidenta Dilma Rousseff, vários setores da sociedade se pronunciaram sobre o tema, manifestando posições e tecendo reflexões voltadas, na sua maioria, para os dispositivos com flagrante retrocesso em relação à política ambiental brasileira.[18]

A Sociedade Brasileira para o Progresso da Ciência (SBPC), ciente de seu papel social frente às mudanças propostas para a reforma do Código Florestal, uniu-se à Academia Brasileira de Ciências (ABC) na criação de um grupo de trabalho interdisciplinar — composta de membros dessas duas entidades e de instituições de pesquisa, universidades, representações profissionais e organizações civis — para analisar a questão e prestar sua contribuição. Ressalte-se que foram realizadas reuniões com diversos representantes do Congresso Nacional, e dos estudos produzidos e das conclusões atingidas por esse grupo resultou o livro *O Código Florestal e a ciência: contribuições para o diálogo*, publicado em 2011.[19]

Quando do envio do PL nº 1.871 para votação na Câmara dos Deputados, a SBPC e a ABC divulgaram uma Carta Aberta, datada de 27 de fevereiro de 2012, na qual apontam como um dos principais problemas do referido projeto a questão das Áreas de Preservação Permanentes (APPs) nas margens de cursos d'água, que deveriam ser integralmente restauradas e demarcadas a partir do nível mais alto do rio, e não de um nível regular, como foi aprovado (art. 4º, I).

Também opinaram que as comunidades tradicionais, agricultores familiares e ribeirinhos deveriam ter tratamento diferenciado, não cabendo uma generalização para todos os produtores agrícolas.

---

[17] BRASIL. Câmara dos Deputados. Projetos de leis e outras proposições. PL 1.876/99.

[18] BRASIL. Câmara dos Deputados. Redação Final do Projeto de Lei nº 1.876-E, de 1999.

[19] SOCIEDADE BRASILEIRA PARA O PROGRESSO DA CIÊNCIA – SBPC; ACADEMIA BRASILEIRA DE CIÊNCIA – ABC. *O Código Florestal e a ciência*: contribuições para o diálogo.

Ademais, se manifestam contrários à inclusão das APPs no cômputo das Reservas Legais.[20] Em 27 de abril de 2012, emitiram nova nota, reafirmando sua posição contrária à inclusão das APPs no cômputo das Reservas Legais e lamentando que, em vez de acordos entre partidos políticos, ambientalistas e ruralistas, para que o agronegócio brasileiro continuasse crescendo com sustentabilidade ambiental, assistiu-se à prevalência dos interesses de grupos e à demonstração de poder político.[21] Mais recentemente, tendo em vista o envio do PL nº 1.871-E para aprovação pela Presidenta, a OAB/RJ, tendo como subscritora a Dra. Vanusa Murta Agrelli (membro da Comissão de Meio Ambiente da OAB/RJ), emitiu uma Nota Técnica, em 7 de maio de 2012, enviada à Presidenta, recomendando o veto total ao Projeto de Lei apresentado pela Câmara dos Deputados.

Na referida Nota Técnica, são apresentados os vícios contidos no Projeto e as razões pelas quais a Presidenta deveria vetá-lo. Como vícios, a Dra. Vanusa Murta Agrelli elenca a desconsideração da variável ambiental; o excesso no exercício da competência para legislar sobre o tema e a violação da autonomia dos entes da Federação; bem como a quebra das garantias da isonomia, da segurança e estabilidade nas relações e a ruptura com o sistema jurídico que disciplina a matéria ambiental.[22]

Entre as razões de veto apresentadas na Nota Técnica, encontram-se:
- a "flagrante deficiência na composição da Comissão Especial do Congresso que adotou o Substitutivo do Deputado Aldo Rebelo", com ausência de "equipe multidisciplinar especializada";
- "as regras contidas no PL legalizam supressões realizadas e emprestam indulgência à obrigação de recomposição";
- "dispensa de manutenção da Reserva Legal para a pequena propriedade rural, (...) abrange também as grandes propriedades rurais que foram fatiadas no curso da tramitação do PL, visando o aproveitamento deste benefício";
- a "criação do instituto uso alternativo do solo que abre caminhos para o fim da Reserva Legal (...) [porque] as supressões

---

[20] SOCIEDADE BRASILEIRA PARA O PROGRESSO DA CIÊNCIA – SBPC; ACADEMIA BRASILEIRA DE CIÊNCIA – ABC. Carta aberta da Sociedade Brasileira para o Progresso da Ciência (SBPC) e da Academia Brasileira de Ciências (ABC).

[21] SILVA. Grupo de Trabalho da SBPC e ABC repudia aprovação do novo Código Florestal.

[22] AGRELLI. Nota técnica em defesa do veto ao Projeto de Lei. *OABRJ Digital*.

para uso alternativo do solo não estão condicionadas à apresentação de Plano de Manejo";

- "risco de redução e descaracterização de Área de Preservação Permanente, em razão da inclusão destes espaços para efeito de contagem da área da Reserva Legal";

- "violação da autonomia dos entes da federação", excedendo o exercício da competência para legislar sobre o tema "ao anistiar as multas aplicadas pelo Município ou pelo Estado".[23]

A sociedade civil participou do debate, através, dentre outros, do movimento "Veta, Dilma", coordenado por ONGs como o Greenpeace e o Fundo Mundial para a Natureza (WWF) e com a adesão de cidadãos comuns, que se reuniram em passeatas a favor do veto total ao PL nº 1.871-E; e de internautas, que manifestaram seu repúdio às mudanças em suas contas no Facebook e Twitter.[24] O movimento também teve a participação de personalidades, como a atriz Camila Pitanga, manifestando a frase de ordem num evento oficial em que estava presente a Presidenta, e o cartunista Mauricio de Sousa, que postou em sua conta no Twitter sua posição através de seu personagem Chico Bento.[25]

Após uma longa tramitação de mais de 10 anos, o PL nº 1.871-E[26] chegou à Presidenta Dilma Rousseff com 84 artigos. Pressionada pela sociedade civil e pela proximidade da realização da conferência da ONU Rio+20, a Presidenta vetou 12 dispositivos e efetuou 32 modificações ao texto, enviando ao Congresso Nacional a Medida Provisória nº 571/2012. O veto dado ao art. 1º do PL nº 1.876-E/99, com alteração introduzida pela MP nº 571/2012, teve o objetivo de enumerar vários princípios que devem nortear as regras, com o fundamento central na proteção e uso sustentável das florestas e demais formas de vegetação nativa em harmonia com a promoção do desenvolvimento econômico.

A justificativa do veto ao art. 1º é que ele não indicava com precisão os parâmetros que deveriam nortear a interpretação e a aplicação da lei. A emenda estabeleceu oito princípios, deixando claro que as florestas e demais formas de vegetação são de interesse de todos os habitantes do País e afirmando o compromisso com sua preservação.

Dentre os doze vetos, o referente ao art. 61 é dos mais polêmicos, por referir-se à recuperação das APPs e à aplicação de percentagem

---

[23] AGRELLI, Vanusa Murta. Nota técnica em defesa do veto ao Projeto de Lei. *OABRJ Digital*.

[24] AQUINO. ONG entrega abaixo-assinado por veto total ao Código Florestal. *EXAME.com*.

[25] BARBOSA. As imagens do movimento "Veta, Dilma" que ganharam as redes sociais. *EXAME.com*.

[26] BRASIL. Câmara dos Deputados. Redação Final do Projeto de Lei nº 1.876-E, de 1999.

diferenciada de recuperação em áreas consolidadas com até 4 módulos fiscais; diferentemente do Projeto de Lei, que determinava a mesma percentagem de recomposição a todas essas áreas. A MP nº 571/2012 veio estabelecer um escalonamento nessa recomposição. Quem possuir até 1 módulo fiscal em área consolidada terá que recompor apenas 5 metros; se a área for de 1 até 2 módulos fiscais, a recomposição terá que ser de 8 metros; se a área for de 2 até 4 módulos fiscais, a recomposição terá que ser de 15 metros (art. 61-A). Após a edição da MP, a Lei foi novamente apreciada pelo Congresso, sendo novamente submetida à Presidenta para sanção. Em face da nova redação, a Presidenta proferiu seus vetos e respectivos argumentos, editando a Lei nº 12.727, fazendo prevalecer a chamada "escadinha". O argumento utilizado para a manutenção desse escalonamento foi o de ser desproporcional e inadequada a determinação de uma mesmo nível de recomposição para todos os imóveis rurais, independentemente de suas dimensões (caso específico daqueles com até 4 módulos fiscais), além de ignorar a atual realidade fundiária brasileira, que é constituída em sua grande maioria por estabelecimentos rurais com até 4 módulos fiscais.

Já quem possuir mais de 4 módulos fiscais terá que recompor a área nos seguintes termos:

> Art. 61-A. (...)
>
> §4º Para os imóveis rurais com área superior a 4 (quatro) módulos fiscais que possuam áreas consolidadas em Áreas de Preservação Permanente ao longo de cursos d'água naturais, será obrigatória a recomposição das respectivas faixas marginais: (*Incluído pela Lei nº 12.727, de 2012*)
>
> I - (Vetado); e (*Incluído pela Lei nº 12.727, de 2012*)
>
> II - nos demais casos, conforme determinação do PRA, observado o mínimo de 20 (vinte) e o máximo de 100 (cem) metros, contados da borda da calha do leito regular. (*Incluído pela Lei nº 12.727, de 2012*)

As formas de recomposição são as previstas no §13 do art. 61-A:

> Art. 61-A. (...)
>
> §13. A recomposição de que trata este artigo poderá ser feita, isolada ou conjuntamente, pelos seguintes métodos: (*Incluído pela Lei nº 12.727, de 2012*)
>
> I - condução de regeneração natural de espécies nativas; (*Incluído pela Lei nº 12.727, de 2012*)
>
> II - plantio de espécies nativas; (*Incluído pela Lei nº 12.727, de 2012*).

III - plantio de espécies nativas conjugado com a condução da regeneração natural de espécies nativas; (*Incluído pela Lei nº 12.727, de 2012*).

IV - plantio intercalado de espécies lenhosas, perenes ou de ciclo longo, exóticas com antivas de ocorrência regional, em até 50% (cinquenta por cento) da área total a ser recomposta, no caso dos imóveis a que se refere o inciso V do *caput* do art. 3º. (*Incluído pela Lei nº 12.727, de 2012*)

Somente em áreas rurais consolidadas é autorizada a continuidade das atividades agrossilvipastoris, de ecoturismo e de turismo rural (art. 61-A, *caput*). A MP estabeleceu percentagens diferenciadas de áreas a serem recuperadas para o exercício dessas atividades, com medidas diferentes se se tratar de nascentes ou olhos d'água perenes (§5º) ou lagos e lagoas naturais (§6º). Fica permitida, ainda, a manutenção de residências e da infraestrutura associadas às atividades agrossilvipastoris, de ecoturismo e turismo rural (§12), desde que não estejam em área que ofereça risco à vida ou à integridade física das pessoas.

As Áreas de Preservação Permanente localizadas em imóveis inseridos nos limites de Unidades de Conservação de Proteção Integral criadas por ato do Poder Público até a data de publicação desta Lei não são passíveis de ter quaisquer atividades consideradas como consolidadas (§16).

A aplicação do art. 61-A deverá observar o que dispõe o 61-B:

Art. 61-B. Aos proprietários e possuidores dos imóveis rurais que, em 22 de julho de 2008, detinham até 10 (dez) módulos fiscais e desenvolviam atividades agrossilvipastoris nas áreas consolidadas em Áreas de Preservação Permanente, é garantido que a exigência de recomposição, nos termos desta Lei, somadas todas as Áreas de Preservação Permanente do imóvel, não ultrapassará: (*Incluído pela Lei nº 12;727, de 2012*)

I - 10% (dez por cento) da área total do imóvel, para imóveis rurais com área de até 2 (dois) módulos fiscais; e (*Incluído pela Lei nº 12;727, de 2012*)

II - 20% (vinte por cento) da área total do imóvel, para imóveis rurais com área superior a 2 (dois) e de até 4 (quatro) módulos fiscais. (*Incluído pela Lei nº 12;727, de 2012*)

Ressalte-se que tais dispositivos devem ser interpretados juntamente com o §1º do art. 7º, que não deixa dúvidas quanto à obrigação de recomposição do proprietário da área que suprimiu vegetação de APP.

Em 29 de maio de 2012, a Presidenta retificou a MP nº 571/2012, direcionando o método de recomposição descrito no inciso IV do §13 do art. 61-A, para a pequena propriedade ou posse rural familiar.[27] Antes da retificação, estava permitido o plantio de espécies exóticas para recomposição de APPs. Com o novo texto, essas áreas só poderão ser recompostas com plantio de espécies lenhosas, perenes ou de ciclo longo, sendo nativas ou exóticas. Ressalte-se que as pequenas propriedades e a posse rural familiar são aquelas exploradas mediante trabalho pessoal do agricultor familiar e empreendedor familiar rural, incluindo os assentamentos e projetos de reforma agrária, e que atendam ao disposto no art. 3º da Lei nº 11.326/2006.[28]

Outro veto considerado importante foi ao art. 43, cuja justificativa foi a de que tal norma impunha aos concessionários de serviços de abastecimento de água e energia elétrica o dever de recuperar e preservar áreas de preservação permanente de toda a bacia hidrográfica em que se localizaria o empreendimento e não apenas na área onde estivesse instalado. A obrigação foi considerada desproporcional, uma vez que uma bacia pode se localizar em vários Estados, além do fato de que essa obrigação também poderia aumentar o valor das tarifas.[29]

Voltando a MP nº 571 ao Congresso, nos termos do art. 66 da CR, a Presidenta Dilma Rousseff sancionou a Lei nº 12.727, com nove vetos, e editou o Decreto nº 7.830 para regulamentar a parte vetada, sendo ambos os documentos publicados no *DOU* de 18 out. 2012. A Ministra do Meio Ambiente, Izabella Teixeira, explicou que os vetos foram fundamentados nos seguintes princípios: não anistiar, não estimular desmatamentos ilegais e assegurar a justiça social, a inclusão social no campo em torno dos direitos dos pequenos proprietários e agricultores familiares.

Esperamos que a Lei nº 12.651, com as alterações introduzidas pela Lei nº 12.727, bem como o Decreto nº 7.830 consigam efetivamente conferir proteção às nossas florestas, sem deixar de atender ao desenvolvimento econômico do Brasil.

---

[27] BRASIL. Presidência da República. Retificação da Medida Provisória nº 571, de 25 de maio de 2012.

[28] WEBER; DAMÉ; CÂMARA. Governo volta atrás em mudança do código. *O Globo*, p. 12.

[29] WEBER; DAMÉ; CÂMARA. Governo volta atrás em mudança do código. *O Globo*, p. 12.

CAPÍTULO 10

SISTEMA NACIONAL DE UNIDADES DE CONSERVAÇÃO

10.1 Histórico

As unidades de conservação (UC) nasceram, inicialmente, com o propósito de proteção da natureza, com a criação do Yellowstone National Park, em 1872, nos Estados Unidos. Outros países aderiram ao procedimento e iniciaram a criação de parques.

Em 1890, foi criado o Krüeger National Park, na África do Sul, cujo objetivo era garantir a proteção dos recursos naturais. A principal finalidade era recuperar a população animal. Em 1914, a Suíça estabeleceu seu primeiro parque para fins científicos. Em 1933, em Londres, foi assinada uma convenção estabelecendo um conceito básico sobre parques. Em 1940, estabeleceu-se nova convenção, em Washington, na qual foram elaborados novos conceitos de áreas protegidas.

O primeiro parque brasileiro foi o Itatiaia, criado em 1937. O parque é situado no Maciço do Itatiaia, na Serra da Mantiqueira, entre os estados de Minas Gerais e Rio de Janeiro.

Em 1962, em Seatle, Estados Unidos, foi realizada a 1ª Conferência Mundial sobre Parques. Outros congressos se sucederam, e o conceito original de área protegida evoluiu. Outros objetivos a proteção de áreas foram reconhecidos, resultando na necessidade de criação de tipos distintos de unidades de conservação e categorias de manejo, de acordo com suas finalidades.

10.2 Sistema Nacional de Unidades de Conservação (SNUC)

O Sistema Nacional de Unidades de Conservação (SNUC), no Brasil, foi criado pela Lei nº 9.985, de 18 de julho de 2000, que estabelece normas para a criação, implantação e gestão das unidades de conservação; regulamentadas pelo Decreto 4.340/2002.

Constituído pelo conjunto das unidades de conservação federais, estaduais e municipais, o SNUC possui, dentre seus inúmeros objetivos, o de promover o desenvolvimento sustentável a partir dos recursos naturais, bem como a utilização dos princípios e práticas de conservação da natureza no processo de desenvolvimento (artigo 4º, incisos IV e V, Lei nº 9.985/00), buscando a compatibilização da proteção e educação ambiental com o desenvolvimento econômico e social.

A Lei nº 9.985/00 conceitua a unidade de conservação como o:

> (...) espaço territorial e seus recursos ambientais, incluindo as águas jurisdicionais, com características naturais relevantes, legalmente instituído pelo Poder Público, com objetivos de conservação e limites definidos, sob regime especial de administração, ao qual se aplicam garantias adequadas de proteção. (BRASIL, 2000)

Seu fundamento jurídico encontra-se no artigo 225, §1º, inciso III, da CRFB/88, que dispõe incumbir ao Poder Púbico:

> III - definir, em todas as unidades da Federação, espaços territoriais e seus componentes a serem especialmente protegidos, sendo a alteração e a supressão permitidas somente através de lei, vedada qualquer utilização que comprometa a integridade dos atributos que justifiquem sua proteção;

Na definição de João Carlos Costa Oliveira e José Henrique Cerqueira Barbosa:

> As unidades de conservação (UC) são espaços territoriais, incluindo seus recursos ambientais, com características naturais relevantes, que têm a função de assegurar a representatividade de amostras significativas e ecologicamente viáveis das diferentes populações, habitats e ecossistemas do território nacional e das águas jurisdicionais, preservando o patrimônio biológico existente. Estas áreas asseguram às populações tradicionais o uso sustentável dos recursos naturais de forma racional e ainda propiciam às comunidades do entorno o desenvolvimento de atividades econômicas sustentáveis. Estas áreas estão sujeitas a normas e regras especiais. São legalmente criadas pelos governos federal,

estaduais e municipais, após a realização de estudos técnicos dos espaços propostos e consulta à população.

A criação dos diversos tipos de unidades de conservação depende da elaboração de estudos técnicos, podendo comportar ou não consulta pública. A Lei excluiu a obrigatoriedade da consulta pública para a criação da Estação Ecológica e da Reserva Biológica. Nos casos em que se justifique a urgência de medidas conservacionistas, o Poder Público pode suprimir essa etapa nessas duas últimas categorias, com fundamento em sua elevada importância biológica, fragilidade ou ameaça de seus recursos naturais.

As UC devem ser criadas por ato do Poder Público, seja este lei, como por manifestação administrativa, decreto ou resolução. Porém a desafetação ou redução dos limites de uma unidade de conservação só pode ser feita mediante lei específica, por exigência constitucional (art. 225, §1º, inc. III, CRFB/88).

É importante ressaltar que as unidades de conservação, como forma de preservação ambiental, são totalmente compatíveis com o desenvolvimento do País, não se constituindo em óbices, ao contrário, mostrando-se inclusive vantajosas à população:

(...) tendo em vista que podem evitar ou diminuir acidentes naturais ocasionados por enchentes e desabamentos; possibilitar a manutenção da qualidade do ar, do solo e dos recursos hídricos; permitir o incremento de atividades relacionadas ao turismo ecológico, e proporcionar a geração de emprego e renda. Atualmente vários municípios brasileiros são abastecidos com água oriunda de unidades de conservação, comprovando a importância socioambiental destas áreas. (OLIVEIRA; BARBOSA, 2010)

10.3 Roteiro básico para a criação de unidades de conservação

O Ministério do Meio Ambiente lançou no início de 2001 um roteiro básico para orientar o interessado na criação de unidades de conservação nos municípios (IBAMA, 2002). Além de conter os dispositivos legais para a criação das UC, o referido roteiro define suas categorias, detalha passo a passo os procedimentos para sua criação e apresenta modelos para orientar os gestores ambientais e técnicos na condução de todo o processo de criação das UC, possibilitando a eles colaborarem e contribuírem com o Sistema Nacional de Unidades de Conservação.

10.3.1 Etapas do processo de criação

As etapas do processo de criação de uma unidade de conservação podem ser sistematizadas da seguinte forma:

1. Identificação da demanda pela criação da unidade: sociedade civil, comunidade científica, Poder Público etc.;
2. Elaboração dos estudos técnicos pelo Poder Público através de seus órgãos executores ou por meio de consultorias contratadas;
3. Realização de uma vistoria da área, que engloba as seguintes diligências:
   - levantamento de dados planimétricos e geográficos; e
   - produção de laudo dos fatores bióticos e abióticos da área.
4. Realização de um levantamento socioeconômico da região, baseado nos seguintes fatores:
   - presença de comunidades indígenas e tradicionais; e
   - diagnóstico das ações antrópicas, como formas de uso do solo.
5. Elaboração de um diagnóstico fundiário dos imóveis para verificar as medidas jurídicas necessárias para sua implantação, através de um levantamento sucessório dos imóveis, em que se realiza:
   - uma avaliação do valor de mercado de 1 hectare (ha) de terra na região;
   - uma identificação dos imóveis públicos e privados.
6. Após a resolução desses problemas, é elaborada a base cartográfica abrangendo:
   - limites políticos;
   - fitofisionomia;
   - hidrografia;
   - uso do solo;
   - altimetria;
   - malha viária; e
   - áreas sob alguma forma de proteção (terras indígenas; UC; áreas de mineração; e áreas das Forças Armadas).

Com esses dados, já se pode encaminhar a proposta de criação da unidade de conservação ao órgão ambiental que vai criá-lo, para parecer técnico e jurídico. Todos os órgãos que tenham interesse na criação da UC devem ser notificados. A audiência pública virá garantir a participação da comunidade, que deverá ser convidada com antecedência mínima de 15 dias, constando do aviso de consulta pública a categoria da unidade de conservação, proposta, local, data, hora e telefone para informações.

10.3.2 Documentos necessários à criação de uma unidade de conservação

Os documentos que o Poder Público precisa para criar uma unidade de conservação são basicamente os seguintes:
- solicitação dos moradores, em se tratando de Reservas Extrativistas ou de Desenvolvimento Sustentável;
- estudo técnico que justifique e embase a criação da UC, os limites propostos e a categoria de manejo definida, incluindo diagnóstico expedito sobre a situação fundiária da área, em se tratando de UC de domínio público, bem como mapa de situação e de perímetro da unidade proposta;
- pareceres técnico e jurídico elaborados por órgão do meio ambiente;
- manifestação dos outros órgãos públicos interessados;
- ata da audiência pública realizada;
- minuta do decreto de declaração da área como sendo de utilidade pública para fins de desapropriação, com a respectiva exposição de motivos;
- minuta do decreto de criação da unidade, ou do projeto de lei a ser enviado ao Poder Legislativo, com a respectiva exposição de motivos; e
- assinatura e publicação dos decretos, ou envio do projeto de lei ao Poder Legislativo.

Cada UC possui um regime próprio de fruição. Algumas se restringem à pesquisa científica, outras aceitam o lazer, e outras são compatíveis com a exploração humana. O regime de fruição só pode ser modificado por lei.

10.4 Unidade de Conservação de uso direto ou de uso indireto

Constituem os recursos naturais: a atmosfera, as águas interiores, superficiais e subterrâneas, os estuários, o mar territorial, o solo, o subsolo, os elementos da biosfera, a fauna e a flora.

Nas unidades de conservação de proteção integral é permitido o uso indireto dos recursos naturais. Já naquelas de uso sustentável, é permitido o uso direto dos recursos naturais. Uso indireto de recursos naturais não envolve consumo, coleta, dano ou destruição dos recursos naturais; tais como escalada, canoagem, banho de cachoeira. Uso direto é aquele que envolve coleta e uso, comercial ou não, dos recursos naturais; como, por exemplo, a exploração de produtos florestais e a pesca artesanal.

O SNUC é constituído por áreas federais, estaduais e municipais e as unidades podem ser de proteção integral ou de uso sustentável. Devem ser cadastradas pelo Ministério do Meio Ambiente, com a colaboração do IBAMA se forem federais.

A Lei nº 9.985/00 classifica o grupo de UC de proteção integral em cinco categorias: Estação Ecológica; Reserva Biológica; Parque Nacional; Monumento Natural e Refúgio de Vida Silvestre; definindo o objetivo de cada uma:

> Art. 9º A Estação Ecológica tem como objetivo a preservação da natureza e a realização de pesquisas científicas. (...)
>
> Art. 10. A Reserva Biológica tem como objetivo a preservação integral da biota e demais atributos naturais existentes em seus limites, sem interferência humana direta ou modificações ambientais, excetuando-se as medidas de recuperação de seus ecossistemas alterados e as ações de manejo necessárias para recuperar e preservar o equilíbrio natural, a diversidade biológica e os processos ecológicos naturais. (...)
>
> Art. 11. O Parque Nacional tem como objetivo básico a preservação de ecossistemas naturais de grande relevância ecológica e beleza cênica, possibilitando a realização de pesquisas científicas e o desenvolvimento de atividades de educação e interpretação ambiental, de recreação em contato com a natureza e de turismo ecológico. (...)
>
> Art. 12. O Monumento Natural tem como objetivo básico preservar sítios naturais raros, singulares ou de grande beleza cênica. (...)
>
> Art. 13. O Refúgio de Vida Silvestre tem como objetivo proteger ambientes naturais onde se asseguram condições para a existência ou reprodução de espécies ou comunidades da flora local e da fauna residente ou migratória.

Já o grupo das unidades de conservação de uso sustentável engloba sete categorias: Área de Proteção Ambiental; Área de Relevante Interesse Ecológico; Floresta Nacional; Reserva Extrativista; Reserva da Fauna; Reserva de Desenvolvimento Sustentável e Reserva Particular do Patrimônio Natural.

As características de cada categoria estão definidas na referida lei:

> Art. 15. A Área de Proteção Ambiental é uma área em geral extensa, com um certo grau de ocupação humana, dotada de atributos abióticos, bióticos, estéticos ou culturais especialmente importantes para a qualidade

de vida e o bem-estar das populações humanas, e tem como objetivos básicos proteger a diversidade biológica, disciplinar o processo de ocupação e assegurar a sustentabilidade do uso dos recursos naturais. (...)

Art. 16. A Área de Relevante Interesse Ecológico é uma área em geral de pequena extensão, com pouca ou nenhuma ocupação humana, com características naturais extraordinárias ou que abriga exemplares raros da biota regional, e tem como objetivo manter os ecossistemas naturais de importância regional ou local e regular o uso admissível dessas áreas, de modo a compatibilizá-lo com os objetivos de conservação da natureza. (...)

Art. 17. A Floresta Nacional é uma área com cobertura florestal de espécies predominantemente nativas e tem como objetivo básico o uso múltiplo sustentável dos recursos florestais e a pesquisa científica, com ênfase em métodos para exploração sustentável de florestas nativas. (...)

Art. 18. A Reserva Extrativista é uma área utilizada por populações extrativistas tradicionais, cuja subsistência baseia-se no extrativismo e, complementarmente, na agricultura de subsistência e na criação de animais de pequeno porte, e tem como objetivos básicos proteger os meios de vida e a cultura dessas populações, e assegurar o uso sustentável dos recursos naturais da unidade. (...)

Art. 19. A Reserva de Fauna é uma área natural com populações animais de espécies nativas, terrestres ou aquáticas, residentes ou migratórias, adequadas para estudos técnico-científicos sobre o manejo econômico sustentável de recursos faunísticos. (...)

Art. 20. A Reserva de Desenvolvimento Sustentável é uma área natural que abriga populações tradicionais, cuja existência baseia-se em sistemas sustentáveis de exploração dos recursos naturais, desenvolvidos ao longo de gerações e adaptados às condições ecológicas locais e que desempenham um papel fundamental na proteção da natureza e na manutenção da diversidade biológica. (...)

Art. 21. A Reserva Particular do Patrimônio Natural é uma área privada, gravada com perpetuidade, com o objetivo de conservar a diversidade biológica. (BRASIL. Lei nº 9.985, de 18 de julho de 2000)

As UC podem ser geridas por organizações da sociedade civil de interesse público com objetivos afins aos da unidade, mediante instrumento a ser firmado com o órgão responsável pela gestão.

10.5 Plano de manejo

Todas as unidades de conservação devem dispor de um plano de manejo, que é um documento técnico mediante o qual se estabelece seu zoneamento e as normas que devem presidir o uso e manejo dos recursos naturais, conforme dispõe o artigo 2º, inciso XVII, da Lei do Sistema Nacional de Unidades de Conservação. Na prática, é sua lei interna. O plano de manejo deve abranger a área da UC, sua zona de amortecimento (ZA) e os corredores ecológicos

Zona de amortecimento é o entorno de uma UC onde as atividades humanas estão sujeitas a normas de restrições específicas, com o propósito de minimizar os impactos negativos sobre a unidade. A ZA não pode ser transformada em zona urbana. Embora não seja parte da unidade de conservação, por força desta, fica sujeita a um zoneamento onde certas atividades econômicas são proibidas ou limitadas.

Corredores ecológicos são porções de ecossistemas naturais ou seminaturais, ligando unidades de conservação, que possibilitam entre elas o fluxo de genes e o movimento de biota, facilitando a dispersão de espécies e a recolonização de áreas degradadas, bem como a manutenção de populações que demandam, para sua sobrevivência, áreas com extensão maior do que aquela das unidades individuais.

As zonas de amortecimento e os corredores ecológicos, em geral, não fazem parte do domínio público, garantindo-se o direito de propriedade, observada sua função social. Estão desobrigadas da zona de amortecimento a Área de Proteção Ambiental e a Reserva Particular do Patrimônio Natural.

10.5.1 Planejamento de Parque Nacional, Reserva Biológica e Estação Ecológica

São objetivos do plano de manejo:
- levar as unidades de conservação a cumprirem os objetivos estabelecidos na sua criação;
- definir objetivos específicos do manejo;
- dotar a UC de diretrizes para o seu desenvolvimento;
- criar definições específicas para o manejo da UC;
- fazer o zoneamento, estabelecendo diferenciação do uso do solo;
- estabelecer normas, quando couber, para a presença humana das populações residentes até a indenização ou relocação;
- estabelecer normas para o uso da zona de amortecimento;
- promover a integração socioeconômica das comunidades do entorno com a unidades de conservação federais (UCF);
- orientar a aplicação de recursos da UC.

Na elaboração de um plano de manejo, primeiramente, faz-se uma análise da região ou entorno da unidade de conservação. Baseada nas informações já conhecidas e em visitas à área, a elaboração deste plano inclui um levantamento bibliográfico e cartográfico, assim como fotos aéreas e imagens de satélite.

As informações básicas deverão conter a caracterização da cobertura vegetal; caracterização do uso e ocupação do solo; rede de drenagem; unidades geomorfológicas; rede viária; litologia. Tudo isso servirá para a elaboração de um mapa-base.

Esse reconhecimento de campo possibilitará uma proposta inicial da zona de amortecimento. Em seguida, forma-se uma equipe de planejamento, da qual participarão, além de membros do órgão gestor da UC, pesquisadores, consultores e comunidades envolvidas.

10.5.2 Análise da região da unidade de conservação

Considera-se como região ou entorno da unidade de conservação os municípios que possuem terras na UC bem como os municípios que a zona de amortecimento abranger. A Lei nº 9.885/00 define a zona de amortecimento como "o entorno de uma unidade de conservação onde as atividades humanas estão sujeitas a normas e restrições específicas, com o propósito de minimizar os impactos negativos sobre a unidade (art. 2º, inc. XVIII). Em primeiro lugar devem ser identificados os municípios atingidos pela UC e pela ZA.

Segue-se a caracterização ambiental da UC com designação da região, de forma a identificar o relevo, o clima, a hidrografia, a geologia, o solo, a fauna e o tipo de vegetação. Devem ser levantados os aspectos culturais e históricos da região para se conhecer sobre a sua colonização, as manifestações culturais e as arquitetônicas.

Esse estudo incluirá o registro da presença de etnias indígenas, quilombolas e populações tradicionais. A caracterização da população será importante para se conhecer a distribuição rural/urbana e suas tendências; grau de escolaridade e saneamento básico. O estudo da visão das comunidades sobre a unidade de conservação é importante, para que lhes seja mostrada sua significância e para a apresentação de alternativas para aquelas atividades que a impactem negativamente.

Deverão, ainda, ser relacionados os sítios históricos, paleontológicos e/ou arqueológicos encontrados na região. Concomitantemente, é preciso estudar o uso de ocupação da terra e os problemas ambientais decorrentes. Esta etapa compreende a identificação das atividades econômicas da região, dos planos governamentais para a mesma e a caracterização das questões fundiárias.

10.5.3 Análise da unidade de conservação

A realização da análise de uma unidade de conservação pode ser sistematizada através de treze passos, a seguir especificados:

1. Estudar o acesso a ela. Nesse item deve ser indicado o sistema viário para acesso à UC a partir da capital, catalogando rios navegáveis, portos, aeroportos, ferrovias e estradas, bem como indicações sobre o serviço regular dos transportes coletivos;

2. Registrar a origem e o significado do nome da UC, informar como surgiu a ideia do seu estabelecimento, quem propôs a sua criação, motivações que precederam o decreto de sua criação, uso da área antes de sua criação e as razões de enquadramento dessa unidade na respectiva categoria de manejo;

3. Caracterizar os fatores abióticos e bióticos, com apresentação do regime de precipitação, temperaturas, ventos, umidade e outros dados que sejam importantes;

4. Realizar o estudo da geologia, compreendendo a análise da evolução geológica da região;

5. Realizar o estudo do relevo/morfologia predominante na região, com suas declividades mais representativas;

6. Realizar o estudo do solo examinando sua textura, estrutura, densidade, permeabilidade, profundidade, porosidade, capacidade de saturação e fragilidade;

7. Estudar a espeleologia, com relacionamento das cavidades naturais subterrâneas encontradas na UC, bem como a fauna observada nas cavernas e o seu uso pela população;

8. Estudar a hidrografia, com citação dos principais cursos d'água, localização das nascentes e indicação das épocas de cheias e vazantes, citação de lagos, lagoas, banhados, lagos artificiais, cachoeiras etc.;

9. Estudar a vegetação, sua formação, distribuição, abordando as espécies mais representativas de cada formação, espécies ameaçadas de extinção, raras, endêmicas, invasoras etc.;

10. Estudar a fauna, relacionando as espécies existentes na UC, destacando-se as endêmicas, as exóticas, as raras, as migratórias; em perigo ou ameaçadas de extinção, bem como aquelas que sofrem pressão de pesca, caça, coleta;

11. Estudar o patrimônio cultural material e imaterial, relacionando os sítios históricos, paleontológicos encontrados na UC e avaliando sua importância científica;

12. Estudar as relações de conflito relativas à população residente, inclusive a indígena. Identificar as situações de apropriações de recursos pelos indígenas, quando houver. E, também, as características das populações, tais como: faixa etária, sexo, escolaridade, modo de vida, tipo de uso que fazem da terra;

13. Estudar a situação fundiária da UC listando as terras públicas, presença de invasores e posseiros, existência de decreto expropriatório e possíveis soluções para a situação fundiária da área ocupada.

10.5.4 Zoneamento

O zoneamento é um ordenamento territorial efetuado na unidade de conservação para melhorar o resultado de seu manejo. É definido pela Lei nº 9.985/00 como "setores ou zonas em uma unidade de conservação com objetivos de manejo e normas específicas, como o propósito de proporcionar os meios e as condições para que todos os objetivos da unidade possam ser alcançados de forma harmônica e eficaz".

De acordo com a Resolução CONAMA nº 13/90, o ponto de partida para a identificação da zona de amortecimento é o limite de 10 km ao redor da UC. A partir desse limite são aplicados critérios de inclusão ou exclusão.

10.5.5 Estimativa de custos e cronograma financeiro

O planejamento da unidade de conservação deve incluir os custos estimados para todas as etapas de implementação do plano de manejo. Deverá ser elaborado um cronograma de execução físico-financeira para o período de um ano, bem como indicadas as fontes de recursos alternativos e/ou potenciais.

10.6 Presença humana nas unidades de conservação

A presença humana pode ser proibida nas Estações Ecológicas e Reservas Biológicas. A Lei nº 9.985/00 utiliza as expressões "populações locais" e "populações tradicionais" para designar os habitantes das áreas protegidas.

A Lei do Sistema Nacional de Unidades de Conservação exige que se garantam às populações tradicionais, cuja existência dependa da utilização de recursos naturais existentes no interior das unidades de conservação, meios de subsistência alternativos ou a justa indenização pelos recursos perdidos. Embora a Lei não defina o que é uma população tradicional, ficamos com a conceituação de Paulo Leme Machado, que a define como aquela que já existia numa área antes de sua criação, e que estaria na área desde pelo menos seus pais (MACHADO, 1998). Constatada, pois, a existência da população tradicional em uma área onde sua presença não seja permitida, ela não poderá ser expulsa, e sim indenizada ou relocada. Em caso de indenização, valem as regras do Código Civil, ou seja, somente as benfeitorias necessárias, úteis e de boa-fé são passíveis de indenização. A presença das benfeitorias poderá ser proibida na Estação Ecológica, Parque Nacional, Monumento Natural, Refúgio da Vida Silvestre, e Reserva Particular do Patrimônio Natural.

A presença humana faz parte das finalidades da Área de Proteção Ambiental, da Área de Relevante Interesse Ecológico, da Floresta Nacional, da Reserva Extrativista e da Reserva de Desenvolvimento Sustentável. As populações das Reservas Extrativistas e das Reservas de Desenvolvimento Sustentável estão obrigadas a participar desses diferentes tipos de áreas e reservas

A pesquisa científica, para ser realizada nas UC, necessita do prévio controle público, exceto nas Áreas de Proteção Ambiental e na Reserva Particular do Patrimônio Natural.

O acesso ao público é matéria a ser regulamentada para cada área instituída. Na Estação Ecológica e na Reserva Biológica, a visitação pública rotineira é vedada, podendo ser permitida visita para fins educacionais. Nas demais unidades, deve ser regulamentada.

10.7 Dominialidade das unidades de conservação

As unidades de conservação admitem a dominialidade pública ou privada. São obrigatoriamente de domínio público a Estação Ecológica, a Reserva Biológica, o Parque Nacional, a Floresta Nacional, a Reserva Extrativista e a Reserva da Fauna.

Aceitam a dominiabilidade privada o Monumento Nacional, o Refúgio da Vida Silvestre, a Área de Proteção Ambiental, a Área de Relevante Interesse Ecológico, a Reserva de Desenvolvimento Sustentável e a Reserva Particular do Patrimônio Natural.

10.8 Proteção penal

A proteção penal das unidades de conservação está prevista no artigo 40, *caput*, da Lei nº 9.605/98. E, também, no artigo 52, que criminaliza o perigo às unidades de conservação; nos artigos 63 e 64, que protegem os Monumentos Naturais; e no artigo 29, §4º, inciso V, que considera causa de especial aumento da pena a prática do crime contra fauna em UC.

10.9 Área protegida por particulares

O Código Florestal, Lei nº 4.771, de 15 de setembro de 1965, em seu artigo 6º, facultava ao proprietário da floresta não preservada gravá-la com perpetuidade, desde que verificada a existência de interesse público pela autoridade florestal, por meio da assinatura de termo a ser averbado à margem da inscrição do imóvel no registro.

O primeiro tipo de área protegida por particular foi instituído em 1977, pelo então Instituto Brasileiro de Desenvolvimento Florestal (IBDF), através da Portaria nº 327, denominado Refúgio Particular de Animais Nativos (REPAN). A criação de área protegida foi motivada pelo movimento de proprietários rurais do Sul contra a caça ilegal naquela região.

As Reservas Particulares do Patrimônio Natural (RPPN) só surgiram depois da criação do IBAMA, pelo Decreto nº 98.914, de 31 de janeiro de 1990, que foi substituído pelo Decreto nº 1.922, de 05 de janeiro de 1996. A inclusão das RPPN na Lei nº 9.985/00 demonstra o reconhecimento da evolução deste programa ao longo dos anos. O engajamento dos proprietários nos esforços de conservação, a manifestação expressa da vontade de proteger os recursos naturais e a existência de áreas naturais significativas em áreas particulares constituem pressupostos para a instituição de RPPN.

O art. 21 da Lei do Sistema Nacional de Unidades de Conservação define a RPPN como uma área privada, gravada com perpetuidade, que possui o objetivo de conservar a diversidade biológica. Dispõe, em seu §1º, que o gravame constará de termo de compromisso assinado perante o órgão ambiental.

A área é reconhecida como RPPN por iniciativa do proprietário, que deverá requerer junto ao IBAMA ou órgão estadual a sua pretensão. O IBAMA reconhece a RPPN por meio de uma portaria, após laudo de vistoria do imóvel, parecer e homologação do pedido. O termo de compromisso deve ser averbado ao ato de reconhecimento.

As entidades ambientalistas devidamente credenciadas pelo Cadastro Nacional de Entidades Ambientalistas poderão cooperar com o proprietário na proteção da RPPN, se assim ele o quiser.

Também é facultado ao proprietário da RPPN requerer ao Instituto Nacional de Colonização e Reforma Agrária (INCRA) a isenção do Imposto sobre Propriedade Territorial Rural (ITR). A Lei nº 9.393/96, que dispõe sobre o Imposto Territorial Rural (ITR), embora não estabeleça expressamente a isenção do referido imposto para áreas de interesse ambiental, as exclui do cálculo de sua apuração. Outra lei que trata da isenção de ITR em áreas de interesse ecológico é a Lei de Política Agrícola, Lei nº 8.171, de 17 de janeiro de 1991.

A Lei do SNUC dispõe que as parcelas de propriedades privadas incluídas e mantidas em Refúgios da Vida Silvestre e em Monumentos Naturais, bem como a área das Reservas Particulares do Patrimônio Natural, são consideradas áreas de interesse ecológico para proteção dos ecossistemas, para fins de isenção do Imposto Territorial Rural, exercendo sua função social.

10.10 Reforma agrária, áreas protegidas e licenciamento ambiental

A reforma agrária não pode ser efetuada em unidades de conservação. Eventual dano causado em UC, como já foi dito, constitui crime ambiental previsto nos artigos 40 e 40-A da Lei nº 9.605/98, conforme a redação dada pela Lei do Sistema Nacional de Unidades de Conservação. Se o dano for causado em UC de Proteção Integral, a pena é de reclusão de dois a seis anos; se for UC de Uso Sustentável, a pena é a reclusão de um a três anos.

Todo projeto de assentamento de reforma agrária está sujeito a licenciamento ambiental. Tal medida encontra respaldo no princípio da precaução, uma vez que a função principal do licenciamento ambiental é evitar riscos ao ser humano e ao meio ambiente. O licenciamento ambiental de projetos de assentamento de reforma agrária está regulamentado pela Resolução CONAMA nº 289/01.

O art. 2º da Resolução define reforma agrária, para fins de licenciamento ambiental:

> (...) é o conjunto de medidas que visem a promover a melhor distribuição da terra, mediante modificações no regime de posse e uso, a fim de atender ao princípio de justiça social, ao aumento de produtividade e ao cumprimento da função sócio-ambiental da propriedade.

CAPÍTULO 10
SISTEMA NACIONAL DE UNIDADES DE CONSERVAÇÃO | 141

Para os projetos de assentamento de reforma agrária, é obrigatória a obtenção de Licença Prévia (LP) e de Licença de Instalação e Operação (LIO) junto ao órgão ambiental. A LP deve anteceder o projeto de assentamento e deve ser expedida anteriormente à obtenção da terra. A Resolução nº 289/01 define ambas as licenças em seu artigo 2º:

Licença Prévia - LP: Licença concedida na fase preliminar do planejamento dos projetos de assentamento de reforma agrária aprovando sua localização e concepção, sua viabilidade ambiental e estabelecendo os requisitos básicos a serem atendidos na próxima fase do licenciamento.

Licença de Instalação e Operação - LIO: Licença que autoriza a implantação dos projetos de assentamento de reforma agrária de acordo com as especificações constantes do Projeto Básico, incluindo as medidas de controle ambiental e demais condicionantes.

Quando o assentamento exigir o corte raso, este não poderá ser criado em áreas com florestas e demais formas de vegetação protegidas por regras jurídicas. Neste caso, a licença fica condicionada à apresentação de Estudo de Viabilidade Ambiental.

Se o projeto afetar áreas comuns, poderá ser instaurado um único processo, e poderá ser expedida licença coletiva, sem prejuízo das licenças individuais.

Projetos na área da Amazônia Legal requerem atestado de aptidão sanitária, a ser requerido junto à Fundação Nacional de Saúde (FUNASA).

CAPÍTULO 11

GESTÃO DAS FLORESTAS PÚBLICAS

11.1 Introdução

A gestão das florestas públicas foi instituída pela Lei nº 11.284, de 02 de março de 2006, que regulamenta o uso sustentável das florestas públicas, institui o Serviço Florestal Brasileiro (SFB) e cria o Fundo Nacional de Desenvolvimento Florestal (FNDF). De acordo com a Secretaria de Biodiversidade e Florestas do Ministério do Meio Ambiente (SBF/MMA), o objetivo da Lei é combater a grilagem e impedir a privatização das terras públicas. O Poder Público argumenta que com a nova lei as matas serão mantidas em pé e as terras continuarão sendo públicas. Mais da metade das florestas brasileiras se encontra em terras pertencentes à União, Estados e Municípios.

Ao concessionário florestal estão vedados os seguintes atos: outorga de titularidade imobiliária ou preferência de aquisição; acesso a patrimônio genético para fins de pesquisa e desenvolvimento, bioprospecção ou constituição de coleções; uso de recursos hídricos acima do especificado como insignificante; exploração de minerais, comercialização de créditos de carbono em florestas naturais.

A Lei determina como objetivos da gestão das florestas públicas, dentre outros: fortalecer o planejamento, fomentar a produção local e o crescimento da indústria florestal em todo o Brasil.

Segundo os princípios enumerados no artigo 2º da Lei nº 11.284/06, a gestão das florestas públicas, embora possua como meta o desenvolvimento, terá que ser sustentável, respeitando tanto o direito da população e da comunidade local, como a proteção do meio ambiente. A exploração das florestas deverá priorizar o uso de mão de obra regional e promover a pesquisa florestal para o uso eficiente e sustentável, adotando práticas estáveis de manejo.

A referida lei também apresenta as definições a serem adotadas para seus fins. Assim, por floresta pública se entende toda floresta, natural ou plantada, que esteja situada em domínio público da União, Estados, Distrito Federal ou Municípios. Já manejo florestal sustentável é a administração da floresta para exploração da mesma, com vistas à obtenção de serviços e produtos florestais, sendo que os produtos florestais podem ser madeireiros ou não, além de compreenderem outros decorrentes do manejo, não caracterizados como produto florestal, a exemplo do turismo.

11.2 Concessão florestal e Plano de Manejo Florestal Sustentável

Para exploração de floresta pública, é necessário obter uma concessão florestal. Concessão florestal é a delegação, de forma onerosa, a uma pessoa jurídica, do direito de praticar manejo florestal sustentável com vistas à exploração de produtos e serviços florestais dentro de unidades de manejo previamente delimitadas pelo Poder Público, após prévia elaboração e aprovação de Plano de Manejo Florestal Sustentável (PMFS).

Com relação ao PMFS, a Lei nº 11.284 dispõe:

> Art. 32. O PMFS deverá apresentar área geograficamente delimitada destinada à reserva absoluta, representativa dos ecossistemas florestais manejados, equivalente a, no mínimo, 5% (cinco por cento) do total da área concedida, para conservação da biodiversidade e avaliação e monitoramento dos impactos do manejo florestal.
>
> §1º Para efeito do cálculo do percentual previsto no *caput* deste artigo, não serão computadas as áreas de preservação permanente. (BRASIL, 2006)

Após a aprovação do PMFS, cada área é estudada e dividida em unidades de manejo para a licitação. Toda área florestal submetida a licitação deve delimitar unidades de manejo pequenas, médias e grandes, que visem garantir o acesso dos pequenos, médios e grandes produtores. Antes da licitação, as unidades de manejo precisam ter autorização prévia do IBAMA, atestando que tais áreas estão aptas para o manejo florestal.

O perímetro georreferenciado da área objeto do contrato será registrado no Cadastro Nacional de Florestas Públicas interligado ao Sistema Nacional de Cadastro Rural. O objeto da concessão se limita à exploração florestal e serviços florestais.

11.3 Plano Anual de Outorga Florestal

É obrigatória a elaboração de um Plano Anual de Outorga Florestal (PAOF), a ser proposto pelo órgão gestor e definido pelo poder concedente, que será submetido à aprovação prévia da Secretaria de Patrimônio da União do Ministério do Planejamento, Orçamento e Gestão. Ele deve conter a descrição de todas as florestas públicas a serem submetidas a processos de concessão no ano em que vigorar.

O órgão gestor, o Serviço Florestal Brasileiro, é o órgão ou entidade do poder concedente com a competência de disciplinar e conduzir o processo de outorga da concessão florestal. Haverá, ainda, um órgão consultivo com representação do Poder Público e da sociedade civil, com a finalidade de assessorar, avaliar e propor diretrizes para a gestão de florestas públicas.

11.4 Licença ambiental

A outorga florestal não exclui a obrigatoriedade de pedido de licença ambiental junto ao Sistema Nacional de Meio Ambiente, que deve ser feito pelo órgão gestor. A Licença Prévia (LP) autoriza a elaboração de Plano de Manejo Florestal Sustentável e, no caso de unidade de manejo inserida no Plano Anual de Outorga Florestal, as licitações para concessão florestal. O início das atividades de manejo fica condicionado à aprovação do Plano de Manejo Florestal Sustentável por órgão do Sistema Nacional de Meio Ambiente (SISNAMA) e da Licença de Operação (LO).

O monitoramento e a fiscalização das concessões contarão com três frentes. O IBAMA fará a fiscalização ambiental da implementação do Plano de Manejo Florestal Sustentável. O Serviço Florestal Brasileiro fará a fiscalização do cumprimento dos contratos de concessão. E o concessionário deverá se submeter obrigatoriamente, e no mínimo a cada três anos, a uma auditoria independente das práticas florestais, executada por entidade reconhecida pelo órgão gestor.

Além de ser o órgão gestor do Sistema de Gestão de Florestas Públicas, o Serviço Florestal Brasileiro acumula a função de fomentar o desenvolvimento florestal sustentável no Brasil e de gerir o Fundo

Nacional de Desenvolvimento Florestal. Ele é um órgão autônomo da administração direta, dentro da estrutura do Ministério do Meio Ambiente.

Do Plano Anual de Outorga Florestal são excluídas as Unidades de Conservação de Proteção Integral, as Reservas Desenvolvimento Sustentável e Reservas Extrativistas, as terras indígenas, as Reservas de Fauna e as Áreas de Relevante Interesse Ecológico.

11.5 Florestas Nacionais

A gestão das florestas públicas compreende a criação de florestas nacionais (FLONA), a destinação de florestas públicas para as comunidades locais e a concessão florestal. As florestas nacionais, estaduais e municipais obedecem às normas do artigo 17 da Lei nº 9.985/00, que instituiu o Sistema Nacional de Unidades de Conservação (SNUC). O referido dispositivo define floresta nacional como aquela que possua cobertura florestal de espécies predominantemente nativas e que tenha como objetivo básico o uso múltiplo sustentável dos recursos florestais e pesquisa científica, com ênfase em métodos para a exploração sustentável de florestas nativas.

As florestas nacionais podem ser administradas diretamente pelo Poder Público, podendo este firmar convênios, termos de parceria, contratos e instrumentos similares, para o desenvolvimento de atividades subsidiárias, cuja duração máxima seja de cento e vinte dias.

Anteriormente à outorga de concessão florestal, é obrigatória a realização de um estudo para identificação das áreas ocupadas ou utilizadas pelas populações locais, para as quais possam ser criadas reservas extrativistas ou reservas de uso sustentável, cuja criação terá prioridade em relação à concessão florestal.

Nas florestas nacionais é permitida a permanência das comunidades locais, desde que sua permanência obedeça às regras do plano de manejo da área. Entende-se por comunidades locais aquelas formadas por populações tradicionais e outros grupos humanos, organizados por gerações sucessivas, com estilo de vida relevante à conservação e utilização sustentável da diversidade biológica.

11.6 Reserva extrativista e reserva de desenvolvimento sustentável

A reserva extrativista está conceituada na Lei nº 9.985/00 como uma área utilizada por populações extrativistas tradicionais, cuja subsistência baseia-se no extrativismo e agricultura de subsistência. Já a reserva de desenvolvimento sustentável é uma área natural que abriga populações tradicionais, cuja existência baseia-se em sistemas sustentáveis de exploração dos recursos naturais, desenvolvido ao longo de gerações.

A posse e uso das áreas ocupadas pelas populações tradicionais nas reservas extrativistas e reservas de desenvolvimento sustentável são regulamentadas por contrato de concessão de direito real de uso, conforme dispuser lei ou regulamento (Lei nº 9.985/00). A concessão, nesses casos, é feita de forma não onerosa.

É admissível ainda a distribuição de imóveis para reforma agrária em florestas de domínio público, por meio de títulos de domínio ou concessão de uso, nos termos do artigo 189 da CRFB/88 e de acordo com o Programa Nacional de Reforma Agrária.

11.7 Audiências públicas

O Poder Público é obrigado a publicar uma justificativa para a concessão florestal e realizar audiência pública antes do processo licitatório, que será realizada na modalidade de concorrência nos termos do edital e das normas vigentes. Não são admissíveis casos de inexigibilidade.

11.8 Licitação e contrato

A concessão florestal é obrigatoriamente precedida de licitação e da assinatura do contrato. Os contratos de concessão podem ser estabelecidos pelo prazo de até 40 anos dependendo do manejo, devendo o prazo ser definido no edital de licitação. Os processos de licitação das unidades de manejo devem ter como base os seguintes critérios: melhor preço, menor impacto ambiental, maior benefício socioeconômico, maior eficiência e maior agregação de valor local; vencendo o participante que apresentar a melhor combinação desses critérios (artigo 26 da Lei nº 11.284/06).

Após a assinatura do contrato, os vencedores da licitação devem preparar um Plano de Manejo Florestal Sustentável a ser apresentado junto ao IBAMA, para aprovação antes do início das operações.

A Lei nº 11.284/06 também prevê uma série de condições e salvaguardas para a realização das concessões, dentre elas a determinação de que somente empresas e organizações constituídas no Brasil poderão concorrer às concessões e que nenhuma empresa poderá deter mais de duas concessões por lote licitado.

O edital de licitação elaborado pelo poder concedente nos termos da Lei nº 8.666, de 21 de junho de 1993, deve conter expressamente as exigências especificadas no artigo 20 da Lei de Gestão das Florestas Públicas, entre as quais a de descrever as garantias financeiras e dos seguros a serem apresentadas pelo concorrente. As garantias obrigatórias devem incluir: a cobertura de eventuais danos causados ao meio ambiente, ao erário e a terceiros, bem como a cobertura do desempenho do concessionário em termos de produção florestal.

São modalidades de garantia:
- caução em dinheiro;
- títulos da dívida pública emitidos sob a forma escritural, mediante registro em sistema centralizado de liquidação e de custódia autorizado pelo Banco Central do Brasil, e avaliados pelos seus valores econômicos, conforme definido pelo Ministério da Fazenda;
- seguro garantia;
- fiança bancária; e
- outras modalidades admitidas em lei.

A concessão florestal é outorgada por título oneroso. Para cada unidade de manejo licitada será assinado um contrato de concessão exclusivo com um único concessionário, vedada a subconcessão. A contratação de terceiros é permitida e será regida pelas normas do direito privado.

São cláusulas essenciais do contrato de concessão:
- o objeto, com a descrição dos produtos e dos serviços a serem explorados e da unidade de manejo;
- o prazo da concessão;
- o prazo máximo para o concessionário iniciar a execução do PMFS;
- o modo, a forma, as condições e os prazos da realização das auditorias florestais;
- a forma e as condições de exploração de serviços e prática do manejo florestal;
- os critérios, os indicadores, as fórmulas e os parâmetros definidores da qualidade do meio ambiente;
- os critérios máximos e mínimos de aproveitamento dos recursos florestais;
- as ações de melhoria e recuperação ambiental na área da concessão e seu entorno assumidas pelo concessionário;
- as ações voltadas ao benefício da comunidade local assumidas pelo concessionário;

- os preços e os critérios e os procedimentos para reajuste e revisão;
- os direitos e as obrigações do poder concedente e do concessionário, inclusive os relacionados às necessidades de alterações futuras e modernização, aperfeiçoamento e ampliação dos equipamentos, infra-estrutura e instalações;
- as garantias oferecidas pelo concessionário;
- a forma de monitoramento e avaliação das instalações, dos equipamentos, dos métodos e práticas de execução do manejo florestal sustentável e exploração de serviços;
- as penalidades contratuais e administrativas a que se sujeita o concessionário e sua forma de aplicação;
- os casos de extinção do contrato de concessão;
- os bens reversíveis;
- as condições para revisão e prorrogação;
- a obrigatoriedade, a forma e a periodicidade da prestação de contas do concessionário ao poder concedente;
- os critérios de bonificação para o concessionário que atingir melhores índices de desempenho socioambiental que os previstos no contrato, conforme regulamento;
- o foro e o modo amigável de solução das divergências contratuais.

O contrato deve estabelecer o pagamento do preço não inferior ao mínimo definido no edital. Os recursos financeiros oriundos dos preços de cada concessão florestal da União só podem ser depositados e movimentados por intermédio dos mecanismos da conta única do Tesouro Nacional.

A concessão se extingue pelo esgotamento do prazo contratual, pela rescisão, pela anulação ou pela falência do concessionário ou falecimento ou incapacidade do titular, no caso de empresa individual. É admitida, ainda, a desistência e devolução, por opção do concessionário, do objeto da concessão.

Findo o contrato de concessão, o concessionário fica obrigado a devolver a unidade de manejo ao poder concedente nas condições previstas no contrato de concessão.

11.9 Fundo Nacional de Desenvolvimento Florestal

A Lei nº 11.284/06 criou o Fundo Nacional de Desenvolvimento Florestal (FNDF), de natureza contábil, gerido pelo Serviço Florestal

EDNA CARDOZO DIAS
DIREITO AMBIENTAL NO ESTADO DEMOCRÁTICO DE DIREITO

Brasileiro, destinado a fomentar o desenvolvimento de atividades sustentáveis de base florestal no Brasil e a promover a inovação tecnológica do setor. Prevê-se, com a criação do FNDF, que até 20% receita da concessão de florestas sejam destinados ao custeio do sistema de concessão, incluindo recursos para o Serviço Florestal Brasileiro e para o IBAMA. A outra parte da arrecadação, 80%, deve ser dividida em 30% para os estados onde se localizam as florestas públicas, 30% para municípios e 40% para o próprio fundo.

No caso das Florestas Nacionais (unidades de conservação), 40% dos recursos são destinados ao IBAMA, como gestor da unidade de conservação. O restante é dividido igualmente entre estados, municípios e o FNDF. O fundo pode ser usado para promover o fomento e o desenvolvimento tecnológico das atividades florestais sustentáveis.

11.10 Serviço Florestal Brasileiro

O Serviço Florestal Brasileiro é um órgão autônomo da administração direta, na estrutura do Ministério do Meio Ambiente. Ele acumula as seguintes competências:
- exercer a função de órgão gestor prevista;
- apoiar a criação e gestão de programas de treinamento, capacitação, pesquisa e assistência técnica para a implementação de atividades florestais, incluindo manejo florestal, processamento de produtos florestais e exploração de serviços florestais;
- estimular e fomentar a prática de atividades florestais sustentáveis madeireiras, não madeireiras e de serviços;
- promover estudos de mercado para produtos e serviços gerados pelas florestas;
- propor planos de produção florestal sustentável de forma compatível com as demandas da sociedade;
- criar e manter o Sistema Nacional de Informações Florestais integrado ao Sistema Nacional de Informações sobre o Meio Ambiente;
- gerenciar o Cadastro Nacional de Florestas Públicas.

11.11 Auditorias florestais

Além das demais fiscalizações previstas em leis, as concessões serão submetidas a auditorias florestais, de caráter independente, em prazos não superiores a três anos, cujos custos serão de responsabilidade do concessionário. À ouvidoria compete receber pedidos de informação e esclarecimento, acompanhar o processo interno de apuração das denúncias e reclamações afetas ao Serviço Florestal Brasileiro e responder diretamente aos interessados.

11.12 Lei de crimes ambientais

A Lei de Gestão de Florestas Públicas alterou a Lei de Crimes Ambientais, que passou a vigorar acrescida dos seguintes artigos 50-A e 69-A:

Art. 50-A. Desmatar, explorar economicamente ou degradar floresta, plantada ou nativa, em terras de domínio público ou devolutas, sem autorização do órgão competente:

Pena - reclusão de 2 (dois) a 4 (quatro) anos e multa.

§1º Não é crime a conduta praticada quando necessária à subsistência imediata pessoal do agente ou de sua família.

§2º Se a área explorada for superior a 1.000 ha (mil hectares), a pena será aumentada de 1 (um) ano por milhar de hectare. (...)

Art. 69-A. Elaborar ou apresentar, no licenciamento, concessão florestal ou qualquer outro procedimento administrativo, estudo, laudo ou relatório ambiental total ou parcialmente falso ou enganoso, inclusive por omissão:

Pena - reclusão, de 3 (três) a 6 (seis) anos, e multa.

§1º Se o crime é culposo:

Pena - detenção, de 1 (um) a 3 (três) anos.

§2º A pena é aumentada de 1/3 (um terço) a 2/3 (dois terços), se há dano significativo ao meio ambiente, em decorrência do uso da informação falsa, incompleta ou enganosa. (BRASIL, 2006)

CAPÍTULO 12

POLÍTICA NACIONAL DE RESÍDUOS SÓLIDOS

12.1 Introdução

Após a Revolução Industrial, e especificamente com o crescimento do consumismo, que contém em sua dinâmica o descarte dos produtos para substituição por outros, o planeta tem se confrontado com um aumento crescente na quantidade e na qualidade de produtos despejados no meio ambiente; gerando preocupações de ordem ecológica, urbana, sanitária, econômica e social.

Dentre esses produtos descartados, comumente denominados "lixo", encontram-se os resíduos sólidos, produtos resultantes da atividade humana, orgânicos ou não, que, por suas características, são inviáveis de serem lançados na rede pública de esgoto por não serem processados adequadamente.

Segundo Celso Antônio Fiorillo:

> Lixo e resíduo tendem a significar a mesma coisa. De forma genérica podemos afirmar que constituem toda substância resultante da não interação entre o meio e aqueles que o habitam, ou somente entre estes, não incorporada a esse meio, isto é, determina um descontrole entre os fluxos de certos elementos em um dado sistema ecológico. (FIORILLO, 2010, p. 334)

Toda atividade humana gera resíduos, sejam sólidos ou líquidos. O crescimento populacional faz crescer o volume de lixo e esgotos nos centros urbanos. O desenvolvimento industrial não somente leva à degradação do solo, como resulta na produção de resíduos sólidos, líquidos e gasosos.

A destinação dos resíduos produzidos pelas atividades humanas tem sido efetuada em lixões, aterros sanitários, usinas de compostagem, reciclagem e incineração (MILARÉ, 2011, p. 856). Os lixões já estavam proibidos desde 1979 pela Portaria nº 053/79, do Ministério do Interior, criado em 1967 e extinto em 1990.

O aterro sanitário, regulamentado pela Resolução CONAMA nº 404/08, é definido como o local onde os resíduos são depositados após o licenciamento ambiental conferido pelo órgão competente. É a disposição de resíduos usualmente adotada pelos municípios que se adequaram à legislação vigente e às exigências dos órgãos ambientais.

O destino final dos resíduos domésticos é de competência dos municípios. As indústrias são responsáveis pelos resíduos que produzem e por sua disposição final, que deve obedecer aos padrões legais vigentes. A Resolução CONAMA nº 313/02 obriga as indústrias a manterem registro das informações referentes à geração e destinação de seus resíduos.

Também são responsáveis pelo gerenciamento de seus resíduos, desde a geração até a disposição final, os serviços de saúde, portos, aeroportos, terminais rodoviários e ferroviários (Resolução CONAMA nº 005/93). A disposição final dos resíduos de saúde deve obedecer às normas dispostas na Resolução CONAMA nº 358/05. Os resíduos da construção civil também dispõem de regulamentação própria, a Resolução CONAMA nº 307/02, que veda a disposição desses resíduos em aterros de resíduos domiciliares.

Forma de destinação do lixo, a usina de compostagem é somente para resíduos domésticos e tem por finalidade processar a transformação de material orgânico em composto, a ser utilizado como adubo em áreas agrícolas. Já a reciclagem consiste em reprocessar o resíduo sólido e reaproveitá-lo, transformando-o em insumos ou novos produtos. Por fim, a incineração é uma queima controlada do lixo. Apesar de serem consumidos com o lixo, alguns resíduos exalam produtos tóxicos e não devem ser incinerados.

O Brasil, por meio de sua legislação infraconstitucional, vem dando tratamento privilegiado aos temas relacionados ao meio ambiente, por força da proteção conferida pela CRFB/88, que vem elaborando e aprimorando uma política nacional para a gestão e o tratamento dos resíduos sólidos. A necessidade de elaborar e implementar uma política nacional sobre o tema foi preenchida em parte pela Lei nº 12.305, de 02 de agosto de 2010.

12.2 Da Política Nacional de Resíduos Sólidos

A Política Nacional de Resíduos Sólidos (PNRS) foi instituída pela Lei nº 12.305, de 02 de agosto de 2010, e regulamentada pelo Decreto nº 7.404, de 23 de dezembro de 2010. Esta Lei traça as diretrizes para a gestão integrada e o gerenciamento dos resíduos sólidos ou perigosos, sujeitando-se a ela todas as pessoas físicas ou jurídicas de direito público ou privado, responsáveis direta ou indiretamente pela produção de resíduos sólidos, excetuados os rejeitos radioativos, que possuem legislação própria (Lei nº 10.308, de 20 de novembro de 2001).

A gestão integrada é uma busca de ações conjuntas para encontrar soluções para a problemática dos resíduos sólidos levando em conta suas diversas dimensões: política, econômica, ambiental, cultural e social. A gestão ambiental dos resíduos sólidos possui como principais metas a reciclagem, a reutilização e a responsabilidade compartilhada.

A reciclagem é um processo de transformação dos resíduos sólidos visando transformá-los em novos produtos ou insumos. A reutilização é o processo de aproveitamento dos resíduos sólidos sem sua transformação biológica, física ou físico-química.

A responsabilidade compartilhada é de suma importância para a execução da política de resíduos sólidos, pois envolve desde o fabricante até os consumidores. Para melhor êxito dessa responsabilidade, criou-se o princípio da logística reversa com vistas à possibilidade de restituição dos resíduos ao setor empresarial para o seu aproveitamento.

A logística reversa é resultado da responsabilidade ambiental do cidadão. Ela viabiliza a coleta e a restituição dos resíduos sólidos ao setor empresarial, para reaproveitamento em seu ciclo ou em outros ciclos produtivos, ou para que se dê uma destinação ambientalmente adequada ao produto. Dentro deste contexto, quem fabrica o produto é responsável pelo seu recolhimento após seu uso pelo consumidor. Entre os produtos sujeitos à logística reversa estão: os agrotóxicos e suas embalagens, pilhas e baterias, pneus, óleos lubrificantes, lâmpadas fluorescentes, produtos eletrônicos e seus componentes.

Todos aqueles que exercem atividades que utilizem resíduos perigosos são obrigados a proceder ao cadastro Nacional de Operadores de Resíduos Perigosos, que é parte integrante do Cadastro Técnico Federal.

A Lei nº 12.305/10 define resíduos sólidos como:

Art. 3º Para os efeitos desta lei, entende-se por: (...)

XVI - resíduos sólidos: material, substância, objeto ou bem descartado resultante de atividades humanas em sociedade, a cuja destinação final se procede, se propõe proceder ou se está obrigado a proceder, nos estados sólido ou semissólido, bem como gases contidos em recipientes e líquidos cujas particularidades tornem inviável o seu lançamento na rede pública de esgotos ou em corpos d'água, ou exijam para isso soluções técnica ou economicamente inviáveis em face da melhor tecnologia disponível; (...).

Como classificação desses resíduos, a referida Lei assim dispõe:

Art. 13. Para os efeitos desta Lei, os resíduos sólidos têm a seguinte classificação:

I - quanto à origem:

a) resíduos domiciliares: os originários de atividades domésticas em residências urbanas;

b) resíduos de limpeza urbana: os originários da varrição, limpeza de logradouros e vias públicas e outros serviços de limpeza urbana;

c) resíduos sólidos urbanos: os englobados nas alíneas "a" e "b";

d) resíduos de estabelecimentos comerciais e prestadores de serviços: os gerados nessas atividades, excetuados os referidos nas alíneas "b", "e", "g", "h" e "j";

e) resíduos dos serviços públicos de saneamento básico: os gerados nessas atividades, excetuados os referidos na alínea "c";

f) resíduos industriais: os gerados nos processos produtivos e instalações industriais;

g) resíduos de serviços de saúde: os gerados nos serviços de saúde, conforme definido em regulamento ou em normas estabelecidas pelos órgãos do Sisnama e do SNVS;

h) resíduos da construção civil: os gerados nas construções, reformas, reparos e demolições de obras de construção civil, incluídos os resultantes da preparação e escavação de terrenos para obras civis;

i) resíduos agrossilvopastoris: os gerados nas atividades agropecuárias e silviculturais, incluídos os relacionados a insumos utilizados nessas atividades;

j) resíduos de serviços de transportes: os originários de portos, aeroportos, terminais alfandegários, rodoviários e ferroviários e passagens de fronteira;

k) resíduos de mineração: os gerados na atividade de pesquisa, extração ou beneficiamento de minérios;

II - quanto à periculosidade:

a) resíduos perigosos: aqueles que, em razão de suas características de inflamabilidade, corrosividade, reatividade, toxicidade, patogenicidade, carcinogenicidade, teratogenicidade e mutagenicidade, apresentam significativo risco à saúde pública ou à qualidade ambiental, de acordo com lei, regulamento ou norma técnica;

b) resíduos não perigosos: aqueles não enquadrados na alínea "a".

Parágrafo único. Respeitado o disposto no art. 20, os resíduos referidos na alínea "d" do inciso I do *caput*, se caracterizados como não perigosos, podem, em razão de sua natureza, composição ou volume, ser equiparados aos resíduos domiciliares pelo poder público municipal.

Esgotadas todas as possibilidades de tratamento e recuperação dos resíduos sólidos de acordo com os processos tecnológicos disponíveis, temos o que se denomina rejeitos.

12.3 Princípios da Política Nacional de Resíduos Sólidos

O ordenamento jurídico brasileiro considera o meio ambiente bem de uso comum do povo, conferindo-lhe *status* de direito constitucional, protegido, dentre outros, pela Lei nº 6.938/81, que instituiu a Política Nacional do Meio Ambiente. A Política Nacional de Resíduos Sólidos se coaduna com a Política Nacional do Meio Ambiente e adota os seguintes princípios:

Art. 6º São princípios da Política Nacional de Resíduos Sólidos:

I - a prevenção e a precaução;

II - o poluidor-pagador e o protetor-recebedor;

III - a visão sistêmica, na gestão dos resíduos sólidos, que considere as variáveis ambiental, social, cultural, econômica, tecnológica e de saúde pública;

IV - o desenvolvimento sustentável;

V - a ecoeficiência, mediante a compatibilização entre o fornecimento, a preços competitivos, de bens e serviços qualificados que satisfaçam as necessidades humanas e tragam qualidade de vida e a redução do impacto ambiental e do consumo de recursos naturais a um nível, no mínimo, equivalente à capacidade de sustentação estimada do planeta;

VI - a cooperação entre as diferentes esferas do poder público, o setor empresarial e demais segmentos da sociedade;

VII - a responsabilidade compartilhada pelo ciclo de vida dos produtos;

VIII - o reconhecimento do resíduo sólido reutilizável e reciclável como um bem econômico e de valor social, gerador de trabalho e renda e promotor de cidadania;

IX - o respeito às diversidades locais e regionais;

X - o direito da sociedade à informação e ao controle social;

XI - a razoabilidade e a proporcionalidade. (BRASIL, 2010)

Ressalta-se, no dispositivo, a orientação das ações no sentido de compartilhar a responsabilidade pela coleta e tratamento dos resíduos sólidos, estendendo-a aos outros entes federativos, bem como ao indivíduo que polui. Verifica-se essa importância pela inserção de uma seção específica para a responsabilidade compartilhada (art. 30 ao 36 da Lei). A CRFB/88 implantou a democracia ambiental no País ao incumbir o Poder Público e a coletividade de preservar o meio ambiente para as gerações atuais e futuras. A participação popular tem sido fator atuante no fortalecimento da democracia.

Essa abertura democrática veio trazer ao setor produtivo e ao terceiro setor novas responsabilidades; a de participar não só da elaboração, mas da execução das políticas públicas.

12.4 Instrumentos da Política Nacional de Resíduos Sólidos

Até o presente momento, a coletividade e o Poder Público não encararam de fato suas responsabilidades diante do acúmulo dos resíduos sólidos no planeta, revelando-se imprescindível a adoção dos instrumentos previstos na lei que a implantou, para se alcançar os objetivos da Política Nacional de Resíduos Sólidos (PNRS):

Art. 8º São instrumentos da Política Nacional de Resíduos Sólidos, entre outros:

I - os planos de resíduos sólidos;

II - os inventários e o sistema declaratório anual de resíduos sólidos;

III - a coleta seletiva, os sistemas de logística reversa e outras ferramentas relacionadas à implementação da responsabilidade compartilhada pelo ciclo de vida dos produtos;

IV - o incentivo à criação e ao desenvolvimento de cooperativas ou de outras formas de associação de catadores de materiais reutilizáveis e recicláveis;

V - o monitoramento e a fiscalização ambiental, sanitária e agropecuária;

VI - a cooperação técnica e financeira entre os setores público e privado para o desenvolvimento de pesquisas de novos produtos, métodos, processos e tecnologias de gestão, reciclagem, reutilização, tratamento de resíduos e disposição final ambientalmente adequada de rejeitos;

VII - a pesquisa científica e tecnológica;

VIII - a educação ambiental;

IX - os incentivos fiscais, financeiros e creditícios;

X - o Fundo Nacional do Meio Ambiente e o Fundo Nacional de Desenvolvimento Científico e Tecnológico;

XI - o Sistema Nacional de Informações sobre a Gestão dos Resíduos Sólidos (Sinir);

XII - o Sistema Nacional de Informações em Saneamento Básico (Sinisa);

XIII - os conselhos de meio ambiente e, no que couber, os de saúde;

XIV - os órgãos colegiados municipais destinados ao controle social dos serviços de resíduos sólidos urbanos;

XV - o Cadastro Nacional de Operadores de Resíduos Perigosos;

XVI - os acordos setoriais;

XVII - no que couber, os instrumentos da Política Nacional de Meio Ambiente, entre eles:

a) os padrões de qualidade ambiental;

b) o Cadastro Técnico Federal de Atividades Potencialmente Poluidoras ou Utilizadoras de Recursos Ambientais;

c) o Cadastro Técnico Federal de Atividades e Instrumentos de Defesa Ambiental;

d) a avaliação de impactos ambientais;

e) o Sistema Nacional de Informação sobre Meio Ambiente (Sinima);

f) o licenciamento e a revisão de atividades efetiva ou potencialmente poluidoras. (BRASIL, 2010)

Os instrumentos acima elencados poderão gerar milhões de empregos e inclusive criar novas profissões, principalmente com a implantação, pelos municípios, da coleta seletiva. A redução ou a eliminação da geração de resíduos, bem como a reutilização dos eventuais resíduos gerados, minimizarão os problemas que os municípios enfrentam para a construção de aterros sanitários e permitirá a geração do chamado ecodesenvolvimento.

12.5 Planejamento e competência

A competência para a gestão dos resíduos sólidos é comum entre a União, os Estados e os Municípios. A União e cada uma das unidades da federação são obrigadas a efetuar um planejamento: o Plano Nacional de Resíduos Sólidos; os planos estaduais de resíduos sólidos; os planos microrregionais de resíduos sólidos e os planos de resíduos sólidos de regiões metropolitanas ou aglomerações urbanas; os planos intermunicipais de resíduos sólidos; os planos municipais de gestão integrada de resíduos sólidos; além dos planos de gerenciamento de resíduos sólidos.

O planejamento nacional é coordenado pelo Ministério do Meio Ambiente. Os Estados só terão acesso a recursos da União e a financiamentos de entidades federais para a gestão de resíduos sólidos se realizarem um planejamento nos termos das exigências legais. O planejamento compreende diagnósticos, proposições, metas, programas, projetos, ações, normas e diretrizes. Os Municípios estão igualmente obrigados a elaborar um planejamento para a gestão dos resíduos sólidos tendo prioridade para financiamentos da União aqueles que estabelecerem ações intermunicipais consorciadas e implantarem a coleta seletiva.

Além da Administração Pública, o setor privado também está obrigado a elaborar um plano de gestão dos resíduos sólidos no caso de serem estabelecimentos industriais, serviços de saneamento básico, serviços de saúde e as mineradoras. Os estabelecimentos comerciais também devem efetuar o planejamento se sua atividade gerar resíduos perigosos.

12.6 Sistemas de logística reversa

Consoante à diretriz de compartilhar entre todos do povo (setor público, setor privado e população) a responsabilidade pela gestão e encaminhamento adequado dos resíduos sólidos, a Lei nº 12.305/10 adotou como um dos instrumentos para a realização da Política Nacional dos Resíduos Sólidos a logística reversa.

Também denominada logística inversa, a expressão tem sua origem na área da administração de empresas, mais especificamente na gestão, assumindo o significado de:

> (...) processo de planejamento, implementação e controle da eficiência e eficácia e dos custos, dos fluxos de matérias-primas, produtos em curso, produtos acabados e informação relacionada, desde *o ponto de consumo até ao ponto de origem*, com o objetivo de recapturar valor ou realizar o descarte adequado.[30] (ROGERS; TIBBEN-LEMBKE, 1998, p. 2, tradução nossa)

Para a Lei nº 12.305/10, que acolhe os objetivos do referido processo na área da administração, logística reversa significa:

---

[30] Do original "The process of planning, implementing, and controlling the efficient, cost effective flow of raw materials, in-process inventory, finished goods and related information from the point of consumption to the point of origin for the purpose of recapturing value or proper disposal".

Art. 3º Para os efeitos desta lei, entende-se por: (...)

XII - logística reversa: instrumento de desenvolvimento econômico e social caracterizado por um conjunto de ações, procedimentos e meios destinados a viabilizar a coleta e a restituição dos resíduos sólidos ao setor empresarial, para reaproveitamento, em seu ciclo ou em outros ciclos produtivos, ou outra destinação final ambientalmente adequada; (...).

Assim, o artigo 33 da Lei de Resíduos Sólidos determina que são obrigados a estruturar e implementar sistemas de logística reversa, mediante retorno do produto após o uso pelo consumidor, independente do serviço público de limpeza urbana: os fabricantes e importadores e distribuidores de alguns produtos como pilhas e baterias; pneus; óleos lubrificantes, seus resíduos e embalagens; lâmpadas fluorescentes, de vapor de sódio e mercúrio e de luz mista; produtos eletroeletrônicos e seus componentes, bem como os agrotóxicos, de acordo com as normas do Conselho Nacional do Meio Ambiente e Sistema Único de Atenção à Sanidade Agropecuária (SUASA). A logística reversa pode se concretizar pela implantação de procedimentos de compra de produtos ou embalagens usados; disponibilização de postos de entrega de produtos ou embalagens usados ou atuação em parceria, por exemplo, com cooperativas de catadores de material reutilizável.

Aos consumidores cabe devolver o produto aos comerciantes; estes devem devolver o produto aos fabricantes; obrigando-se aos fabricantes dar destinação ambientalmente adequada ao produto. No caso de o titular do serviço público se encarregar de atividade de responsabilidade do fabricante, aquele deverá ser remunerado mediante acordo firmado entre as partes (artigo 33, §7º, da Lei).

Quando se tratar de geração de resíduos perigosos, a instalação e o funcionamento de empreendimento ou atividade somente podem ser autorizados ou licenciados pelas autoridades competentes se o responsável comprovar, no mínimo, capacidade técnica e econômica, além de condições para prover os cuidados necessários ao gerenciamento desses resíduos. As pessoas jurídicas que operam com resíduos perigosos, em qualquer fase do seu gerenciamento, são obrigadas a se cadastrar no Cadastro Nacional de Operadores de Resíduos Perigosos.

12.7 Proibições

Algumas formas de destinação de resíduos sólidos ou rejeitos estão expressamente proibidas pela Lei, como lançamento destes em praias, no mar ou em quaisquer corpos hídricos; lançamento *in natura* a céu aberto, excetuados os resíduos de mineração e queima a céu aberto ou em recipientes, instalações e equipamentos não licenciados para essa finalidade. Proibida está, também, a catação de resíduos para alimentação. Existem, ainda, áreas onde a disposição dos resíduos está vedada, quais sejam, área de criação de animais domésticos ou de habitação temporária ou permanente.

12.8 Normas complementares

Como normas complementares, aplicam-se aos resíduos sólidos as seguintes resoluções do Conselho Nacional do Meio Ambiente (CONAMA):

- Resolução nº 23, de 12 de dezembro de 1996 – regulamenta a importação e o uso de resíduos perigosos;
- Resolução nº 307, de 05 de julho de 2002 – estabelece diretrizes, critérios e procedimentos para a gestão dos resíduos da construção civil;
- Resolução nº 358, de 29 de abril de 2005 – dispõe sobre o tratamento e a disposição final dos resíduos dos serviços de saúde;
- Resolução nº 401, de 04 de novembro de 2008 – estabelece os limites máximos de chumbo, cádmio e mercúrio para pilhas e baterias comercializadas no território nacional e os critérios e padrões para o seu gerenciamento adequado;
- Resolução nº 416, de 30 de setembro de 2009 – dispõe sobre prevenção e degradação ambiental causada por pneus inservíveis e sua destinação ambientalmente adequada.

Também se aplicam aos resíduos sólidos as seguintes normas da Associação Brasileira e Normas Técnicas (ABNT):

- ABNT NBR 10157: aterros de resíduos perigosos – critérios para projeto, construção e operação;
- ABNT NBR 11174: armazenamento de resíduos classes II - não inertes e III - inertes;
- ABNT NBR 11175: incineração de resíduos sólidos perigosos – padrões de desempenho;
- ABNT NBR 12208: projeto de estações elevatórias de esgoto sanitário;
- ABNT NBR 12209: projeto de estações de tratamento de esgoto sanitário;

- ABNT NBR 12216: projeto de estação de tratamento de água para abastecimento público;
- ABNT NBR 12235: armazenamento de resíduos sólidos perigosos;
- ABNT NBR 12807: resíduos de serviços de saúde;
- ABNT NBR 12809: manuseio de resíduos de serviços de saúde;
- ABNT NBR 12810: coleta de resíduos de serviços de saúde;
- ABNT NBR 12980: coleta, varrição e acondicionamento de resíduos sólidos urbanos;
- ABNT NBR 13591: compostagem;
- ABNT NBR 15112: resíduos da construção civil e resíduos volumosos – áreas de transbordo e tiragem - diretrizes para projeto;
- ABNT NBR 15113: resíduos sólidos da construção civil e resíduos inertes – aterros - diretrizes para projeto, implantação e operação;
- ABNT NBR 15114: resíduos sólidos da construção civil – áreas de reciclagem - diretrizes para projeto, implantação e operação;
- ABNT NBR 15115: agregados reciclados de resíduos sólidos da construção civil - execução de camadas de pavimentação;
- ABNT NBR 15116: agregados reciclados de resíduos sólidos da construção civil - utilização em pavimentação e preparo de concreto;
- ABNT NBR 8419: apresentação de projetos de aterros sanitários de resíduos sólidos urbanos; e
- ABNT NBR 8849: apresentação de projetos de aterros controlados de resíduos sólidos urbanos.

CAPÍTULO 13

POLÍTICA NACIONAL DE RECURSOS HÍDRICOS

13.1 Introdução

A vida no planeta depende da água. Embora 70% da superfície do planeta seja coberta pela água, 98% desta água é salgada, imprópria para consumo ou agricultura, salvo através de onerosas técnicas de dessalinização.

Estima-se que as retiradas totais de água tenham aumentado mais de 35 vezes durante os últimos três séculos. Os níveis atuais de uso de água doce não poderão ser mantidos se a população humana atingir 10 bilhões em 2050. Muitos países já enfrentam séria falta d'água.

Na maioria dos países, a agricultura irrigada é a principal fonte consumidora de água, responsável por aproximadamente 70% da sua retirada no mundo. Os biocidas das atividades agrícolas atingem os cursos d'água, devido ao trato inadequado da terra, envenenando os animais.

A água poluída com o mercúrio da garimpagem gera efeitos brutais como lesões no sistema nervoso quando consumida. Nas regiões portuárias temos a maré negra, ou seja, o derramamento de petróleo. As águas dos rios, lagos e marinhas das cidades também são poluídas pelos dejetos das indústrias ou por detritos e lixos urbanos.

Quando a poluição das águas mundiais se agravou, tornando urgente a sua proteção, implementaram-se fóruns internacionais de discussão dos problemas atinentes à água. O resultado destes debates foram declarações que formulam princípios gerais aplicáveis à proteção e conservação dos recursos hídricos. Estes princípios não possuem força de lei, mas são recomendações que influenciaram a elaboração do Direito positivo dos países.

A Declaração de Estocolmo, de 1972, em seu princípio 2, expressa a necessidade do planejamento e gestão dos recursos hídricos. A Declaração de Dublin, emanada da Conferência Internacional sobre Água e Meio Ambiente, de 1991, norteou os fundamentos da Lei nº 9.433, de 08 de janeiro de 1997, que instituiu a Política Nacional de Recursos Hídricos no Brasil. Preparatória à Conferência do Rio de Janeiro, a Conferência de Dublin propôs, além do princípio de gestão integrada dos recursos hídricos, o reconhecimento do papel da mulher na gestão das águas, sua valoração econômica e os usos múltiplos da água, bem como a gestão participativa, envolvendo os usuários, planejadores e políticos em todos os níveis.

13.2 A água na Constituição da República Federativa do Brasil de 1988 e na legislação brasileira

A Constituição da República Federativa do Brasil de 1988 (CRFB/88) estabeleceu um novo paradigma: o de que a água pertence ao domínio público, repartindo-se sua propriedade entre os Estados federados e a União. Este dispositivo revogou vários artigos do Código de Águas (Decreto nº 24.643, de 10 de julho de 1934). A CRFB/88 preceitua, em seu artigo 20, inciso III, que são bens da União: "os lagos, rios e quaisquer correntes de água em terrenos de seu domínio, ou que banhem mais de um Estado, sirvam de limites com outros países, ou se estendam a território estrangeiro ou dele provenham, bem como os terrenos marginais e as praias fluviais". O mesmo documento afirma, em seu artigo 26, inciso I, que entre os bens dos Estados incluem-se "as águas superficiais ou subterrâneas, fluentes, emergentes e em depósito, ressalvadas, neste caso, na forma da lei, as decorrentes de obras da União".

Compete à União instituir o sistema nacional de gerenciamento de recursos hídricos e definir critérios de outorga de direitos de seu uso, bem como legislar sobre águas e energia. Outro ordenamento importante da CRFB/88 é o que estabelece a prioridade de incentivos regionais para o aproveitamento econômico e social dos rios e das massas de água represadas ou represáveis nas regiões de baixa renda, sujeitas a secas periódicas. Ele também estabelece que os potenciais de energia elétrica constituem propriedade distinta do solo e pertencem à União, dependendo seu aproveitamento de autorização da União, visando ao interesse nacional.

O Código de Águas, Decreto 24.643, de 10 de julho de 1934, dispõe, no capítulo denominado "Águas Nocivas", que a ninguém é lícito conspurcar ou contaminar as águas que consome, com prejuízo de terceiro, e que os trabalhos para salubridade das águas serão executados à custa dos infratores. Outra não é a orientação da Lei n° 6.938/81, Lei da Política Nacional do Meio Ambiente, que, em seu artigo 3°, inciso V, inclui a água como recurso natural por ela protegido. Esta lei estabelece o princípio do poluidor-pagador, além do princípio da racionalização da água (artigo 2°).

São usuários da água: o setor elétrico, a indústria, o saneamento, a irrigação, a navegação e a sociedade. Estando a água afeta a várias classes de interesse e vários tipos de uso, sua proteção está prevista em algumas legislações correlatas.

A Lei de Crimes Ambientais (Lei n° 9.605/98) em seu artigo 54, inciso III, prevê a pena de reclusão de um a cinco anos para aquele que causar poluição hídrica que torne necessária a interrupção do abastecimento público de água de uma comunidade.

A legislação sobre águas no plano federal, até a edição da Lei da Política Nacional de Recursos Hídricos – Lei n° 9.433, de 08 de janeiro de 1997 –, não oferecia instrumentos para a administração dos recursos hídricos no que tange à sua proteção efetiva e melhoria da qualidade e quantidade.

13.3 Gerenciamento de recursos hídricos

Gerenciamento de águas é o conjunto de ações governamentais destinadas a regular o uso e o controle das águas e a avaliar a conformidade da situação corrente com os princípios doutrinários estabelecidos pela política de águas.

O primeiro modelo de gerenciamento de águas adotado no País foi o burocrático, tendo como marco referencial o Decreto n° 24.643, de 10 de julho de 1934, denominado Código de Águas. Nesse modelo, o objetivo predominante do administrador público é cumprir e fazer cumprir os dispositivos legais; daí a profusão de leis, decretos, portarias, regulamentos e normas sobre uso e proteção das águas. Suas principais características são a racionalidade e a hierarquização.

A criação, em 1948, da Companhia de Desenvolvimento do Vale do São Francisco (CODEVASF) marcou a adoção do modelo econômico-financeiro. Inspirado pela política econômica preconizada por John Maynard Keynes, sua principal característica é o emprego de instrumentos econômicos e financeiros pelo Poder Público, visando ao desenvolvimento tanto nacional como regional. O avanço desse modelo em relação ao sistema anterior foi a possibilidade de se estabelecer a aplicação dos recursos financeiros dentro de um planejamento setorial.

O modelo sistêmico de integração participativa é um modelo mais moderno de gerenciamento. Publicizando as águas, ele adota um planejamento estratégico por bacia hidrográfica, que inclui a captação de recursos, sendo as tomadas de decisão realizadas por meio de deliberações multilaterais e descentralizadas.

A Lei da Política Nacional de Recursos Hídricos veio melhorar a administração dos recursos hídricos, oferecendo instrumentos para sua proteção e melhoria, estando estruturada em quatro títulos: Da Política Nacional de Recursos Hídricos - fundamentos, diretrizes gerais, ação e instrumentos; Do Sistema Nacional de Recursos Hídricos - objetivos, estrutura do sistema, composição e competências dos organismos que o integram, participação de organizações civis; Das Infrações e Penalidades; e Das Disposições Gerais e Transitórias (BRASIL, 1997).

Esta lei define a água como bem de domínio público, constituindo um recurso natural limitado, dotado de valor econômico. A bacia hidrográfica é considerada como uma unidade territorial, o que exige um zoneamento geográfico onde cada bacia se constituir em unidade. Suas diretrizes gerais são: gestão sistemática, integração da gestão hídrica e ambiental; planejamento com os setores usuários; articulação da gestão das águas com o uso do solo e com o sistema estuário e costeiro.

A política de águas deve levar em conta as aspirações sociais e/ou governamentais no que concerne à regulamentação ou modificação nos usos, controle e proteção das águas.

Para a realização da gestão é preciso um plano. Faz parte da elaboração dos planos diretores uma estratégia de envolvimento da sociedade para que haja uma gestão participativa, englobando os vários atores sociais da bacia hidrográfica, sobretudo os maiores usuários das águas. A sociedade precisa estar envolvida e consciente de sua responsabilidade coletiva na conservação dos recursos hídricos.

O planejamento da utilização de recursos hídricos deve ser integrado com a conservação dos ecossistemas que desempenham papel-chave no ciclo das águas. Por outro lado, toda a população terá que reexaminar seus valores e alterar seu comportamento para adotar a ética sustentável. No âmbito do planejamento, o sistema de gestão atua por meio de comitês de bacias hidrográficas.

A Lei estabelece que a unidade de planejamento e gerenciamento de recursos é a bacia hidrográfica, que pode abranger vários Estados da Federação. Nesses casos, a Lei prevê a criação de um sistema nacional de outorga pelo direito de uso da água tanto para consumo como para diluição de efluentes. Quando os rios não fluem para outros Estados, a Lei considera suficiente o sistema estadual de outorga.

As bacias terão, pois, duas principais fontes de recursos: a cobrança pelo uso da água e a cobrança pela poluição dos recursos hídricos. A cobrança insere-se na Política de Recursos Hídricos como instrumento financeiro destinado à realização da política. Ela se fundamenta no princípio do poluidor-pagador e usuário-pagador. Só pagarão pela água os usuários daqueles comitês que foram formados. Se numa região não há comitê e não há decisão de cobrança, não se paga. Atualmente, o usuário só paga pelo custo do tratamento e da distribuição.

Devem ser estudados os aspectos das atividades degradantes em cada bacia. Inicialmente, deve-se fazer um Reconhecimento Ambiental (RA) da bacia hidrográfica estudada. A partir daí, elabora-se o seu Reconhecimento Jurídico Ambiental (RJA). O RA e o RJA serão disponibilizados juntos, para que sejam identificados os problemas jurídico-ambientais atuais e futuros. E, devem, ainda, ser enviados a todos os integrantes do comitê de bacia hidrográfica em estudo, comitê esse que deverá empenhar seus esforços no sentido de que essas informações sejam incorporadas ao Sistema Nacional de Informações sobre Recursos Hídricos.

Constituem os instrumentos da Política Nacional de Recursos Hídricos: planos de recursos hídricos, enquadramento dos corpos de água em classes, outorga dos direitos de uso de recursos hídricos, cobrança do uso de recursos hídricos e sistema de informações sobre recursos hídricos.

Integram o Sistema Nacional de Recursos Hídricos: Conselho Nacional de Recursos Hídricos, Conselhos de Recursos Hídricos dos Estados e do Distrito Federal, Comitês de Bacias Hidrográficas, órgãos dos poderes públicos com competência para gestão de águas, Agências de Águas.

A Agência Nacional de Águas (ANA) foi instituída pela Lei nº 9.984, de 17 de julho de 2000. A ANA é uma autarquia sob regime especial, com autonomia administrativa e financeira, vinculada ao Ministério do Meio Ambiente, com a finalidade de implementar, em sua esfera de atribuições, a Política Nacional de Recursos Hídricos, integrando o Sistema Nacional de Gerenciamento de Recursos Hídricos.

13.4 Responsabilidade pela má utilização da água

A responsabilidade pela má utilização da água, seja pela poluição, seja pelo esgotamento ou escassez, pode ser administrativa, civil ou penal. A responsabilidade administrativa é aquela que decorre da relação entre a Administração e o administrado, e se apura mediante processo administrativo.

A Lei nº 9.605/98, em seu art. 70, conceitua a infração administrativa ambiental como toda ação ou omissão que viole regras jurídicas de uso, gozo, promoção, proteção e recuperação do meio ambiente. A Lei de Recursos Hídricos – Lei nº 9.433/97 – também prevê alguns tipos específicos de infrações administrativas ao regime jurídico das águas, dentre elas as condutas realizadas sem outorga ou contrariamente aos termos estabelecidos na outorga.

Outras infrações desse tipo são as condutas que violam normas sobre as águas e aquelas condutas que dificultam ou obstam a ação fiscalizadora das autoridades competentes. As penalidades são: advertência; multa, simples ou diária; embargo provisório e embargo definitivo. A Administração Pública tem o poder discricionário de valorar e decidir sobre a penalidade a ser aplicada, observada a gradação estabelecida no artigo 6º da Lei 9.605/98.

Já a responsabilidade civil é a que decorre da prática de ato que venha a causar danos, exaurindo-se com a indenização. A responsabilidade civil por danos ambientais tem nuances próprias, é objetiva do tipo risco integral.

O dano ambiental pode ser causado por pessoas físicas ou jurídicas, privadas ou públicas. Estas últimas, por falha na política de gerenciamento de recursos hídricos e pelo não exercício do poder de polícia. Podem responder solidariamente pelo dano, juntamente com o autor, quando ficar comprovado que ocorreu falha no gerenciamento.

No Direito Ambiental deve ser adotada a inversão do ônus da prova, cabendo ao degradador provar que não lesou o meio ambiente. Uma corrente pioneira defende a possibilidade de ocorrer, concomitantemente com o dano patrimonial, o dano moral, causado pela dor irreparável da perda de um bem.

Em relação à responsabilidade penal pela má utilização das águas, a Lei nº 9.605/98 estabelece pena de um a quatro anos de reclusão para aquele que poluir as águas de forma que torne necessária a interrupção do abastecimento público de água de uma comunidade (artigo 54, §2º). No *caput* do artigo está prevista a pena de reclusão para o crime doloso, e detenção para o culposo, no caso de causar poluição de qualquer natureza, que resulte em dano ou possa resultar em dano à saúde humana, ou que provoque a mortandade de animais ou a destruição significativa da flora.

Há outras figuras tipificadas como crime no corpo da Lei nº 9.605/98 relacionadas à poluição das águas. O artigo 33 estabelece a pena de detenção de um a três anos para quem provocar, pela emissão de efluentes ou carreamento de materiais, o perecimento da fauna aquática. Nos crimes cometidos contra a flora, a pena é aumentada de um sexto quando o fato resultar em diminuição de águas naturais (art. 53, inc. I), ou quando o crime for praticado em época de seca ou inundação (art. 53, inc. II, alínea 'd').

A competência para processar e julgar crimes relativos às águas é dividida entre a União e os Estados. A competência é da Justiça Federal quando o crime for cometido contra os bens da União, conforme disposto na Constituição Federal. Só para exemplificar, pertencem à União: o rio são Francisco, o rio Uruguai e o rio Amazonas. Já os crimes cometidos contra as águas de rios ou lagos interiores, no âmbito do estado, devem ser apurados e julgados pela Justiça Estadual.

13.5 Águas marinhas

A Lei nº 9.433/97 adotou instrumentos de gestão hídrica totalmente inaplicáveis às águas marinhas, como, por exemplo, a gestão a partir das bacias hidrográficas e respectivos comitês, a necessidade de outorga do direito de uso e o uso prioritário. Na legislação brasileira, costuma-se fazer referência aos recursos hídricos apenas quando se tratar das águas continentais, superficiais ou subterrâneas, que decorrem do ciclo hidrológico (águas doces).

Na ausência de legislação própria, é necessário reportar à Convenção da ONU sobre o Direito do Mar. Esta Convenção, assinada em 1982, é resultado de um longo processo de discussão, que se iniciou em 1973, tendo entrado em vigor em 16 de novembro de 1994. Ela trata dos limites do mar territorial, das águas interiores e do alto mar, além de reconhecer e delimitar o direito de passagem inocente de navio.

A poluição marinha, conceituada pela Convenção em seu artigo 1, consiste na introdução, pelo homem, de substância ou de energia no meio marinho, incluindo os estuários, sempre que a mesma provoque ou possa vir a provocar efeitos nocivos, tais como danos à saúde do homem, entraves às atividades marinhas, incluindo a pesca e outras utilizações legítimas do mar, alteração da qualidade da água do mar, no que se refere à sua utilização ou deterioração dos locais de recreio (MAZZUOLI, 2007, p. 484).

Em 29 de abril de 2000, foi publicada a Lei do Óleo – Lei nº 9.966 – que define os princípios básicos a serem obedecidos na movimentação de óleo e outras substâncias nocivas e perigosas em portos organizados, instalações portuárias, plataformas e navios em águas sob jurisdição nacional, atingindo, assim, as águas marinhas.

13.6 Águas subterrâneas

Debaixo da terra, a água fica em dois tipos de bolsões, ou lençóis. O mais profundo, o lençol subterrâneo, é também chamado de aquífero. Mais perto da superfície fica outro bolsão de água, o lençol freático.

A classificação e diretrizes ambientais para o enquadramento de águas subterrâneas estão traçadas na Resolução CONAMA nº 396/2008. O maior exemplo de água subterrânea são os aquíferos, formações hidrogeológicas que armazenam e transmitem grandes quantidades de água. Um dos mais importantes aquíferos do mundo, constituindo o maior reservatório de água subterrâneo do planeta, é o Sistema Aquífero Guarani, que passa pelos territórios do Brasil, Argentina, Paraguai e Uruguai.

CAPÍTULO 14

CERTIFICAÇÃO AMBIENTAL

14.1 Introdução

Instrumento indispensável para elevar o nível da qualidade dos produtos e serviços das empresas em um país, a certificação consiste na emissão de marcas e certificados de conformidade para as empresas que demonstram que um produto, serviço ou sistema de gestão atende às normas aplicáveis, sejam nacionais, estrangeiras ou internacionais. A atividade de certificação desenvolveu-se bastante nos últimos anos no mundo, e traz benefícios para os consumidores, para os fornecedores e para o Governo, pois possibilita a identificação de produtos que atendam às normas específicas, eleva a qualidade dos produtos e facilita o controle dos mesmos.

A norma para fins de certificação é um documento de caráter privado, elaborado voluntariamente por alguma entidade credenciada, após o consenso entre as opiniões técnicas dos participantes do grupo encarregado de sua elaboração. A regulamentação feita pelo Poder Público pode se apoiar nas normas, e então, elas passarem a ser obrigatórias.

Em 1973, a Lei nº 5.966 criou o Sistema Nacional de Metrologia, Normalização e Qualidade Industrial (SINMETRO) para formular e executar a política nacional de metrologia, normalização industrial e certificação de qualidade de produtos industriais; o Conselho Nacional de Metrologia, Normalização e Qualidade Industrial (CONMETRO); e o Instituto Nacional de Metrologia, Normalização e Qualidade Industrial (INMETRO), vinculados ao Ministério da Indústria e do Comércio; o primeiro como órgão normativo e o segundo como órgão executivo do Sistema.

O CONMETRO atua através de comitês, entre os quais o de Normalização, Certificação, Metrologia. O Comitê de Certificação Ambiental é encarregado de estabelecer os critérios de conformidade para a área ambiental. Esse comitê define critérios a serem seguidos pelos organismos que irão certificar as empresas e os critérios para habilitação de profissionais que irão realizar as auditorias como credenciamento dos organismos de treinamento auditores ambientais e a certificação destes.

O INMETRO é organismo credenciador e realiza a habilitação dos organismos certificadores, estabelecendo critérios e verificando o desempenho destes para optar sobre a manutenção do seu credenciamento.

No Brasil, o órgão responsável pela normalização técnica é a Associação Brasileira de Normas Técnicas (ABNT), fundada em 1940, entidade sem fins lucrativos, mantida pelas empresas associadas e pelos recursos obtidos com a venda de normas. O CONMETRO reconheceu a ABNT como foro nacional de normalização único e representante nacional nos organismos internacionais e regionais de normalização.

A ABNT é, pois, a representante no Brasil das entidades de normalização internacional: *International Organization for Standardization* (ISO) e *International Eletrotechnical Comission* (IEC).

Os organismos internacionais ISO e IEC e os regionais, como Comissão Panamericana de Normas Técnicas (COPANT), MERCO-SUL e Comissão Europeia de Normalização (CEN), facilitam as trocas internacionais de bens e serviços, promovendo o desenvolvimento da normalização técnica a nível mundial e regional.

A ISO é uma federação mundial, com sede na Suíça, integrada por organismos nacionais de normalização, contando com um representante por país, desde 1947. A IEC é uma federação nos mesmos moldes da ISO, mas que atua no campo da eletricidade, desde 1908. A COPANT foi fundada em São Paulo e congrega países das três Américas desde 1949. O Comitê Mercosul de Normalização foi criado em 1992.

Existem, pois normas de certificação a nível internacional, regional e nacional:

Os agentes participantes do Sistema Brasileiro de Certificação (SBC) são:

- SBC – Sistema reconhecido com regras e procedimentos de gestão aprovados pelo CONMETRO, para realizar a Certificação de Conformidade;
- CONMETRO – Órgão político máximo no SBC. Formula e avalia a política nacional de meteorologia, normalização e qualidade;

- CBC (Comitê Brasileiro de Certificação) – Planeja e avalia a atividade de certificação de conformidade;
- INMETRO – Participa do CBC exercendo a Secretária Executiva. Tem a responsabilidade de reconhecer a competência dos organismos de certificação. É o órgão gestor do SBC;
- Laboratórios de Ensaio e Calibração – Suporte metrológico às empresas;
- OCA (Organismos de Certificação de Sistema de Gestão Ambiental) – Certificam os sistemas de gestão ambiental de empresas;
- Empresas – Buscam a certificação;
- Consumidor – Beneficiário final.

A ABNT possui diversos comitês brasileiros e um organismo de normalização setorial, atuando em diversas áreas, tais como: mineração, construção civil, máquinas, couro, agricultura, e pecuária, energia nuclear, qualidade, siderurgia, celulose, papel, meio ambiente, etc.

14.2 ISO 14.000

No segundo semestre de 1996, o mercado mundial teve acesso à série de normas ISO 14.000. O Comitê Técnico de Meio Ambiente da ISO iniciou os trabalhos em 1994, tendo o Brasil participado através do Grupo de Apoio à Normalização Ambiental (GANA), criado na ABNT.

O Conselho Nacional de Metrologia, Normalização e Qualidade Industrial (CONMETRO) determinou a criação da Comissão Técnica de Certificação Ambiental (CCA), através da Resolução nº 03/95, formada por diversos segmentos da sociedade. O CCA e o INMETRO têm participado das reuniões da International Accreditation Forum (IAF) e da *International Auditor and Training Certification Association* (IATCA).

No Brasil, o sistema de gestão ambiental surgiu um pouco antes de a série de normas ISO 14.000 ser publicada oficialmente. A Bahia Sul Celulose S.A. foi a primeira empresa a conquistar a certificação ISO 14.000, em setembro de 1996, tendo o *Bureau Veritas Quality International* (BVQI) como certificador. A empresa já havia sido certificada em conformidade com a norma britânica BS7750.

O comitê que elabora as normas ambientais internacionais, o ISO/TC 207, foi instalado em 1993. Esse comitê trabalha com a série ISO 14.000 por meio de seis subcomitês (SC) e três grupos de trabalho. A secretaria do TC-207 fica localizada em Toronto, Canadá.

A ISO 14.000 é uma série de normas editadas pela *International Organization for Standardization* (ISO) com a finalidade de padronizar a implementação voluntária de Sistemas de Gestão Ambiental (SGA), em português, ou *Environmental Management System* (EMS), em inglês, nos diversos ramos da atividade humana.

A ISO 14.000 funciona com subcomitês e grupos de trabalho:

- SC-01 - Sistema de gestão ambiental – secretaria-executiva na Inglaterra;
- SC-02 - Auditoria ambiental e investigações – secretaria na Holanda;
- SC-03 - Rotulagem ambiental – secretaria na Austrália;
- SC-04 - Avaliação de desempenho – secretaria nos EUA;
- SC-05 - Análise do ciclo de vida – secretaria na França;
- SC-06 - Termos e definições – secretaria na Noruega;
- WG-01 - Aspectos ambientais em normas de produtos – secretaria na Alemanha;
- WG-02 - Produtos florestais – secretaria na Nova Zelândia;
- WG-03 - Projeto visando ao meio ambiente.

Além da série ISO 14.000, existe o EMAS (*Eco Management and Auditing Scheme*), coordenado pela Comunidade Econômica Europeia, que também visa à implementação de SGAs. Até 1997, existia também a norma britânica BS7750. Hoje ela foi substituída pela norma BS EN ISO 14.001. Existem poucas diferenças entre essas normas. De modo geral, pode-se dizer que o EMAS é mais rigoroso em aspectos como a exigência de uma declaração ambiental, inventário total dos aspectos ambientais relacionados à atividade da companhia.

A série ISO 14.000 auxilia as empresas a demonstrar o seu comprometimento com o desenvolvimento sustentável, por meio de normalização voluntária. Ter uma política ambiental é estar em conformidade com as normas da ISO 14.000, devendo, portanto, minimizar os resíduos industriais que a empresa gera no processo produtivo, reaproveitando através de desenvolvimento de novos produtos, reciclando ou tratando-os e transformando-os em material inerte.

A base da ISO 14.000 é que existia uma conformidade das empresas com as normas de gerenciamento ambiental compatível com a ISO 9.000, pois adotam abordagens semelhantes para atingir e demonstrar conformidade com exigências específicas. Enfim, são guias para o desenvolvimento e manutenção do sistema de qualidade.

14.3 Gestão ambiental

A gestão ambiental consiste em um conjunto de medidas e procedimentos que permitem reduzir e controlar os impactos introduzidos por um empreendimento sobre o meio ambiente. Para que seja eficaz, o ciclo de atuação da gestão ambiental deve abranger desde a fase de concepção do projeto até a eliminação efetiva dos resíduos gerados pelo empreendimento depois de implantado e também durante seu funcionamento. Deve, ainda, contribuir para a melhoria contínua das condições ambientais e da segurança e saúde ocupacional de todos os colaboradores.

14.3.1 Sistema de Gestão Ambiental

O Sistema de Gestão Ambiental (SGA) é operacionalizado por meio de Programas de Gestão Ambiental (PGA), que são instrumentos gerenciais dinâmicos e sistemáticos por meio dos quais se estabelecem as ações preventivas e corretivas. Os requisitos para que um SGA esteja em conformidade com as normas ISO 14.000 se baseiam, além da política ambiental, na existência de um módulo de planejamento, implementação e operação dos programas, e verificação dos resultados implantados.

Conforme a ISO 14.001, a organização deverá definir sua política ambiental de forma que inclua um comprometimento de melhoramento contínuo do desempenho ambiental, com a prevenção da poluição e com o atendimento da legislação. A política ambiental da organização ou empresa não pode apresentar conflitos com a legislação e regulamentos de órgãos ambientais do país em que ela estiver instalada. Portanto, os organismos certificadores verificam se a empresa possui a licença de operação emitida pelo órgão ambiental competente.

14.3.2 Auditoria ambiental

A auditoria ambiental é um processo sistemático e documentado de verificação realizado para obter e avaliar se as atividades e sistemas de gestão e condições ambientais especificados estão em conformidade com os critérios de auditoria. As normas ambientais determinam que a organização estabeleça e mantenha programa de auditorias periódicas, para verificar se o Sistema de Gestão Ambiental está sendo conduzido de acordo com as normas.

A auditorias podem ser internas ou externas. As normas internas são realizadas pelo pessoal da própria organização, que deve ser independente do departamento da área auditada. Já as externas podem ser feitas por clientes na empresa fornecedora, como parte de um contrato. Existe ainda a auditoria de certificação, que é a realizada por empresa credenciada pelo INMETRO para atribuir certificados de cumprimento das normas de gestão ambiental ISO.

14.4 Rótulos ecológicos

Os rótulos ecológicos atestam, por meio de uma marca colocada voluntariamente pelo fabricante, que determinados produtos são adequados ao uso e apresentam menor impacto ambiental em relação a outros similares. O rótulo é a maneira mais direta de comunicação da empresa com o consumidor.

O selo verde é um tipo de rótulo ecológico, tal como o *Blauer Angel*, na Alemanha; o *Environmental Choice*, no Canadá; o Cisne Branco, na Escandinávia; o *Energy Saver* e o *Green Seal*, nos EUA; dentre outros. No Brasil, a ABNT criou um rótulo ecológico denominado "Certificado Ecológico ABNT – Qualidade Ambiental", que tem um colibri como símbolo.

O Código de Proteção e Defesa do Consumidor (CDC), Lei nº 8.078/90, prevê que, se existirem normas técnicas para qualquer produto colocado no mercado de consumo, é obrigatória a conformidade desses produtos com os requisitos da norma, sob pena de responsabilidade para o fornecedor:

> Seção IV – Das Práticas Abusivas
>
> Art. 39. É vedado ao fornecedor de produtos e serviços: (...)
>
> VIII - Colocar no mercado de consumo, qualquer produto ou serviço em desacordo com as normas expedidas pelos órgãos oficiais competentes ou, se normas específicas não existirem, pela Associação Brasileira de Normas Técnicas ou outra entidade credenciada pelo Conselho Nacional de Metrologia, Normalização e Qualidade Industrial. (BRASIL, 1990)

Também a Lei de Licitação, Lei nº 8.666/93, exige:

> Art. 6º Para os fins desta Lei, considera-se: (...)
>
> X - Projeto Executivo – o conjunto dos elementos necessários e suficientes à execução completa da obra, de acordo com as normas pertinentes da Associação Brasileira de Normas Técnicas – ABNT; (...).

14.5 Certificação florestal

A certificação florestal é um processo por meio do qual o desempenho das operações florestais é avaliado com base em um grupo determinado de regras. Este processo deve obedecer a princípios e critérios do órgão credenciador das entidades credenciadoras para o manejo florestal, e requer uma avaliação formal multidisciplinar e um monitoramento contínuo para garantir a credibilidade do consumidor. Neste contexto, a certificação é uma ferramenta do manejo sustentável. No âmbito internacional, a entidade credenciadora é a *Forest Stewardship Council* (FSC). A FSC é uma organização internacional sem fins lucrativos, fundada em 1993, para apoiar o manejo ambientalmente apropriado, socialmente benéfico e economicamente viável das florestas do mundo. Ela é formada por membros representantes dos grupos sociais e ambientais, de comerciantes de madeira e florestais, além das organizações certificadoras de produtos florestais de todo mundo. Suas principais atividades se desenvolvem na cidade de Oaxaca, no México.

A FSC não emite certificado, mas credencia organizações independentes para efetuar auditoria de acordo com seus padrões, princípios e critérios. As certificadoras credenciadas emitem a certificação florestal, baseada nos princípios e critérios definidos pela FSC.

O selo FSC é uma garantia da origem. Ele atesta que a madeira ou qualquer outro insumo florestal utilizado em um produto é oriundo de uma floresta manejada de forma ecologicamente adequada, socialmente justa e economicamente viável, e no cumprimento de todas as leis vigentes.

O selo da FSC serve para orientar o consumidor consciente a optar por um produto que não degrade o meio ambiente e contribua para o desenvolvimento social e econômico. Este selo assegura ainda a manutenção da floresta, bem como o emprego e a atividade lucrativa que a mesma proporciona. Ele também orienta o comprador atacadista ou varejista a escolher um produto diferenciado e com valor agregado, capaz de conquistar um público mais exigente e, assim, abrir novos mercados.

São princípios que fundamentam o FSC:

Princípio 1 - Obediência às leis e aos princípios do FSC: O manejo florestal deve respeitar todas as leis aplicáveis ao país onde opera, os tratados internacionais e acordos assinados por este país, e obedecer a todos os princípios e critérios do FSC;

Princípio 2 - Direitos e responsabilidades de posse e uso: as posses de longo prazo e os direitos de uso da terra e dos recursos florestais devem ser claramente definidos, documentados e legalmente estabelecidos;

Princípio 3 - Povos indígenas: os direitos legais e costumeiros dos povos indígenas de possuir, usar e manejar suas terras, territórios e recursos devem ser reconhecidos e respeitados;

Princípio 4 - Relações comunitárias e direitos dos trabalhadores: as atividades de manejo florestal devem manter ou ampliar, a longo prazo, o bem-estar econômico e social dos trabalhadores florestais e das comunidades locais;

Princípio 5 - Benefícios da floresta: as atividades de manejo florestal devem incentivar o uso eficiente e otimizado dos múltiplos produtores e serviços da floresta para assegurar a viabilidade econômica e uma grande quantidade de benefícios ambientais e sociais;

Princípio 6 - Impacto ambiental: o manejo florestal deve conservar a diversidade ecológica e seus valores associados, os recursos hídricos, o solo, os ecossistemas e paisagens frágeis e singulares. Dessa forma estará mantendo as funções ecológicas e a integridade das florestas;

Princípio 7 - Plano de manejo: um plano de manejo apropriado à escala e intensidade das operações propostas deve ser escrito, implementado e atualizado. Os objetivos de longo prazo de manejo florestal e os meios para atingi-los devem ser claramente definidos;

Princípio 8 - Monitoramento e avaliação: o monitoramento deve ser conduzido levando-se em conta a escala e a intensidade do manejo florestal, para que sejam avaliadas as condições da floresta, o rendimento dos produtos florestais, a cadeia de custódia, as atividades de manejo e seus impactos ambientais e sociais;

Princípio 9 - Manutenção das florestas de alto valor de conservação: atividades de manejo de florestas de alto valor de conservação devem manter ou incrementar os atributos que definem estas florestas. Decisões relacionadas a florestas de alto valor de conservação devem sempre ser consideradas no contexto de uma abordagem de precaução;

Princípio 10 - Plantações: as plantações florestais devem ser planejadas de acordo com os princípios 1 a 9.

Quando um produto contém um selo de certificação, significa que é procedente de floresta certificada. A certificação é voluntária, e oferece, dentre inúmeras vantagens, a credibilidade da empresa perante os consumidores, o atendimento às novas exigências do mercado, a valorização do produto e o acesso a novos mercados.

14.5.1 Certificação florestal no Brasil

Para complementar os princípios gerais da FSC, cada país ou região deve desenvolver padrões adequados às peculiaridades locais. A iniciativa brasileira para promover o FSC no País data de 1994, sendo que um grupo de trabalho tricameral foi formalizado em 1996, sob a coordenação do WWF-Brasil. Em setembro de 2001, foi fundado em Brasília o Conselho Brasileiro de Manejo Florestal (FSC Brasil), que tem o aval do FSC Internacional.

O Conselho Brasileiro de Manejo Florestal é uma entidade civil nacional, sem fins lucrativos, com sede e foro na cidade de Brasília, Distrito Federal, podendo manter escritórios ou representações em outras localidades do País.

Os proprietários de florestas nativas ou plantações, ou aqueles que têm o direito de posse da área, devem solicitar a uma certificadora credenciada que as audite para a obtenção do selo FSC. A certificação, portanto, é voluntária e depende de iniciativa da empresa ou organização interessada. Outra peculiaridade é que o certificado não se refere à empresa e sim à floresta, que é uma área específica e delimitada. Somente a madeira extraída da área certificada pode exibir o selo FSC.

Os custos diretos de uma auditoria florestal incluem o pagamento de uma visita de avaliação preliminar da certificadora escolhida. As taxas cobradas pelas certificadoras credenciadas para auditar a empresa na obtenção do selo do FSC variam conforme o tamanho do empreendimento florestal. Algumas dessas organizações são ONGs e não têm fins lucrativos. No caso da certificação de uma cadeia de custódia, há também um pagamento anual.

Existe também a certificação de produtos intermediários (insumos) ou finais, o que é feito através da "cadeia de custódia". Nesse caso, quem solicita a certificação é a indústria manufatureira. A certificação da cadeia de custódia é uma garantia da origem, um testemunho de que o produto que ostenta o selo FSC foi efetivamente confeccionado com madeira proveniente de florestas certificadas. Produtos florestais não-madeireiros também podem ser certificados.

A avaliação da floresta ou da cadeia de custódia não cessa com a concessão do certificado: a unidade continua a ser monitorada a cada 10 meses pelo menos, e a certificação tem que ser renovada a cada cinco anos. Além disso, diferentemente do que se observa hoje em outros selos, o FSC exerce um controle rigoroso de sua logomarca, impedindo com isso o uso indevido do selo.

Além das técnicas de manejo propriamente ditas, o FSC exige o cumprimento às leis vigentes. Isso implica o pagamento em dia de todos os impostos e a regularização da situação funcional dos trabalhadores. Constituem vantagens do FSC:

a) Para o empresário:
- permite o controle de estoque e cria o mercado futuro – o proprietário sabe exatamente quantas árvores e de quais espécies ele possui e quando cada uma estará disponível para colheita;
- facilita a introdução de novas espécies no mercado – a demanda é maior do que a oferta, abrindo espaço para madeiras desconhecidas;
- aumenta o rendimento da floresta – mais produtividade, menos desperdício e regeneração mais rápida;
- gera vantagem competitiva – agrega valor e otimiza a operação;
- facilita o acesso a novos mercados – o selo é um passaporte para novos nichos e melhores clientes;
- desenvolve e melhora a imagem pública da empresa e o espírito de equipe de seus empregados;
- garante a sustentabilidade da oferta de madeira.

b) Para os trabalhadores e habitantes da floresta:
- garante o respeito aos direitos legais dos trabalhadores;
- elimina o trabalho forçado e a mão de obra infantil;
- promove os direitos dos povos indígenas e comunidades locais;
- contribui para a redução (em cerca de 20%) de acidentes de trabalho em decorrência da introdução das normas e equipamentos de segurança e prevenção;
- melhora as condições de trabalho;
- qualifica a mão de obra;
- cria um novo espaço de participação para os trabalhadores e povos da floresta na definição dos padrões e no monitoramento das operações certificadas.

c) Para a sociedade:
- combate a madeira ilegal;
- garante o recolhimento de impostos e outras contribuições legais, gerando recursos para o setor público em nível local, regional e federal;
- promove o comércio justo;

- incentiva o manejo florestal sustentado e elimina práticas predatórias;
- contribui para a conservação da biodiversidade, dos recursos hídricos, solos, paisagens e ecossistemas, bem como a estabilidade climática;
- mantém as funções ecológicas e a integridade das florestas;
- protege as espécies ameaçadas ou em perigo de extinção e seus hábitats;
- garante o cumprimento das leis vigentes;
- promove a sustentabilidade do emprego.

Quem promove a certificação florestal no Brasil é a IMAFLORA – Instituto de Manejo e Certificação Florestal e Agrícola.

CAPÍTULO 15

PATRIMÔNIO CULTURAL

15.1 Patrimônio cultural brasileiro

Conforme dispõe o artigo 216 da CRFB/88, constituem patrimônio cultural brasileiro os bens de natureza material e imaterial, tomados individualmente ou em conjunto, portadores de referência à identidade, à ação, e à memória dos diferentes grupos formadores da sociedade brasileira. Estes bens podem ser formas de expressão; os modos de criar, fazer e viver; as criações científicas, artísticas e tecnológicas; as obras, objetos, documentos, edificações e demais espaços destinados às manifestações artístico-culturais; e os conjuntos urbanos e sítios de valor histórico, paisagístico, artístico, arqueológico, paleontológico, ecológico e científico.

Para proteger esses bens, o Poder Público efetua registros, inventários, vigilância, tombamento e desapropriação dos mesmos. O constituinte atribuiu competência comum à União, Estados, Distrito Federal e Municípios para proteger os bens de valor histórico, artístico e cultural, monumentos, paisagens notáveis e sítios arqueológicos.

15.2 Tombamento

Tombar um bem é declarar o seu valor cultural e inscrevê-lo em um dos Livros do Tombo existentes no Instituto do Patrimônio Histórico e Artístico Nacional (IPHAN) ou órgão congênere a nível estadual ou municipal que efetuar o tombamento. Se for imóvel, o tombamento deve ser averbado no registro de imóvel pelo próprio órgão tombador.

O tombamento desses bens está previsto na CRFB/88, podendo ser feito por procedimento administrativo, por lei ou por via jurisdicional. O tombamento por via administrativa é precedido de um processo em que a Administração Pública identifica o valor cultural do bem. O proprietário do bem é notificado pelo órgão de preservação especializado, tendo direito à impugnação. O processo é encaminhado a um conselho consultivo, que profere a decisão favorável ao tombamento, devendo o bem ser inscrito no Livro do Tombo.

O bem poderá ainda ser tombado, conforme dito acima, pelo Poder Legislativo, através de lei específica, que determine a sua preservação por seu valor cultural.

A promulgação da Lei nº 7.347/85, Lei da Ação Civil Pública, tornou viável o tombamento ou a preservação de bem cultural por decisão do Poder Judiciário. Uma vez reconhecidos pela sentença o valor cultural e a necessidade do tombamento para a proteção do bem, o juiz deve oficiar o Poder Executivo para que este providencie os atos administrativos necessários para a inscrição no Livro de Tombo.

O IPHAN mantém os seguintes livros de Tombo:

- Livro do Tombo Arqueológico, Etnográfico e Paisagístico, no qual se inscrevem as coisas pertencentes às categorias de arte arqueológica, etnográfica, ameríndia e popular, bem como os monumentos naturais, sítios e paisagens;
- Livro do Tombo Histórico, no qual se inscrevem as coisas de interesse histórico e as obras de arte históricas;
- Livro do Tombo das Belas Artes, no qual se inscrevem as coisas de arte erudita, nacional ou estrangeira;
- Livro do Tombo das Artes Aplicadas, no qual se inscrevem as obras que se incluírem na categoria de artes aplicadas, nacionais ou estrangeiras.

São efeitos do tombamento:

1. A obrigação de levar o tombamento a registro;
2. Restrições à alienabilidade e à modificação da coisa tombada;
3. O órgão de tombamento exercerá vigilância, vistoria e fiscalização sobre a coisa tombada.

O tombamento da coisa confere à vizinhança limitações ao direito de propriedade. O artigo 18 do Decreto-lei nº 25/37 reza que, sem prévia autorização do órgão tombador, não se poderá, na vizinhança da coisa tombada, fazer construção, que lhe impeça ou reduza a visibilidade, nem nela colocar anúncios ou cartazes, sob pena de ser mandada destruir a obra ou retirar o objeto impondo-se, neste caso, a multa 50% do valor do mesmo objeto.

O instituto do tombamento exige licença prévia do órgão competente para construir, modificar ou alterar o bem imóvel tombado, sob pena de aplicação de multa, demolição, pena de restauração do bem (proferida pelo Judiciário), embargo ou interdição da obra.

Sob o âmbito penal, os bens tombados estão protegidos pelos artigos 62, 63 e 64 da Lei nº 9.605, de 12 de fevereiro de 1998, que tipifica a destruição, inutilização ou deterioração de bem, ou local especialmente protegido por lei, ato administrativo ou decisão judicial, assim como a alteração das edificações protegidas e de seus entornos.

15.3 Programa Nacional do Patrimônio Imaterial

O Decreto nº 3.551, de 04 de agosto de 2000, criou o Programa Nacional do Patrimônio Imaterial e instituiu o Registro de Bens Culturais de Natureza Imaterial, que constituem patrimônio cultural brasileiro e podem ser inscritos nos seguintes livros do IPHAN, após aprovação do Conselho Consultivo do Patrimônio Cultural:

- Livro de Registro de Saberes, onde são inscritos conhecimentos e modos de fazer enraizados no cotidiano das comunidades;
- Livro de Registro das Celebrações, onde são inscritos rituais e festas que marcam a vivência coletiva do trabalho, da religiosidade, do entretenimento e de outras práticas da vida social;
- Livro de Registro de Formas de Expressão, onde são inscritas manifestações literárias, musicais, plásticas, cênicas e lúdicas;
- Livro de Registro dos Lugares, onde são inscritos mercados, feiras, santuários, praças e demais espaços onde se concentram e reproduzem práticas culturais coletivas.

A inscrição se fundamenta na importância da continuidade histórica do bem e sua relevância nacional para a memória, identidade e formação da sociedade brasileira. Podem solicitar a instauração do processo de registro o Ministro de Estado da Cultura, instituições vinculadas ao Ministério da Cultura, Secretarias de Estado, de Município e do Distrito Federal, bem como sociedades ou associações civis.

15.4 Monumentos arqueológicos e pré-históricos

Os monumentos arqueológicos e pré-históricos estão protegidos pela Lei nº 3.924, de 26 de julho de 1961, e constituem patrimônio da União. São monumentos arqueológicos as jazidas que representem testemunho da cultura dos paleoameríndios do Brasil, os sítios onde se encontrem vestígios de sua ocupação, cemitérios e sepulturas, onde se encontrem vestígios arqueológicos, bem como inscrições rupestres e locais com vestígios de atividades de paleoameríndios.

15.5 Cavidades naturais subterrâneas

O Decreto nº 99.556, de 1º de outubro de 1990, em seu artigo 1º, trata da proteção das cavidades naturais subterrâneas, dispondo que aquelas existentes no território nacional constituem patrimônio cultural brasileiro e, como tal, são preservadas e conservadas de modo a permitir estudos e pesquisas de ordem técnico-científica, atividades de cunho espeleológico, étnico-cultural, turístico, recreativo e educativo (BRASIL, 1990). Entende-se por cavidade natural subterrânea todo e qualquer espaço subterrâneo penetrável pelo homem com ou sem abertura identificada, popularmente conhecido como caverna, incluindo seu ambiente, conteúdo mineral e hídrico, fauna e flora, e o corpo rochoso onde os mesmos se inserem (artigo 1º, parágrafo único).

A área de influência de uma cavidade natural subterrânea é delimitada por estudos técnicos, e qualquer ação ou empreendimento na área de ocorrência de cavidade deve ser precedida de Estudo de Impacto Ambiental EIA/RIMA. Cabe ao IBAMA preservar, conservar, fiscalizar e controlar o uso do patrimônio espeleológico brasileiro.

15.6 Áreas especiais e locais de interesse turístico

De acordo com a Lei nº 6.513, de 20 de dezembro de 1977, consideram-se de interesse turístico as áreas especiais e os locais instituídos como bens de valor cultural e natural, tais como bens de valor histórico, artístico, arqueológico, pré-histórico, áreas destinadas à proteção dos recursos naturais renováveis, manifestações culturais ou etnológicas, paisagens notáveis, fontes de água hidrominerais, localidade com condições climáticas especiais, etc.

A implantação de planos e programas de turismo cabe à Empresa Brasileira de Turismo (EMBRATUR), com participação do Instituto do Patrimônio Histórico e Artístico Nacional, Instituto Brasileiro de Meio Ambiente, Ministérios do Meio Ambiente e do Turismo.

A referida lei define as áreas especiais e os locais de interesse turístico:

> Art. 3º Áreas Especiais de Interesse Turístico são trechos contínuos do território nacional, inclusive suas águas territoriais, a serem preservados

e valorizados no sentido cultural e natural, e destinados à realização de planos e projetos de desenvolvimento turístico.

Art. 4º Locais de Interesse Turístico são trechos do território nacional, compreendidos ou não em Áreas especiais, destinados por sua adequação ao desenvolvimento de atividades turísticas, e à realização de projetos específicos, e que compreendam: (BRASIL, 1977)

As áreas especiais de interesse turístico são instituídas por ato do Poder Executivo com as seguintes finalidades:
- promover o desenvolvimento turístico;
- assegurar a preservação e valorização do patrimônio cultural e natural;
- estabelecer normas de uso e ocupação do solo;
- orientar a alocação de recursos e incentivos necessários a atender os objetivos da Lei nº 6.513/77. Podem ser prioritárias, quando de alta potencialidade turística ou de reserva, se de elevada potencialidade turística (artigo 11).

Cabe à EMBRATUR instituir locais de interesse turístico para fins de disciplina de seu uso e ocupação, preservação, proteção e ambientação.

15.7 Política Nacional de Turismo

As principais diretrizes da política de turismo visam à prática do turismo como forma de promover a valorização e preservação do patrimônio natural e cultural do País, tendo o homem como destinatário final do desenvolvimento turístico. A Política Nacional de Turismo é estabelecida pela Lei nº 11.771, de 17 de setembro de 2008, e regulamentada pelo Decreto nº 7.381, de 02 de dezembro de 2010. No artigo 5º da Lei encontram-se traçados seus objetivos:

Art. 5º A Política Nacional de Turismo tem por objetivos:

I - democratizar e propiciar o acesso ao turismo no País a todos os segmentos populacionais, contribuindo para a elevação do bem-estar geral;

II - reduzir as disparidades sociais e econômicas de ordem regional, promovendo a inclusão social pelo crescimento da oferta de trabalho e melhor distribuição de renda;

III - ampliar os fluxos turísticos, a permanência e o gasto médio dos turistas nacionais e estrangeiros no País, mediante a promoção e o apoio ao desenvolvimento do produto turístico brasileiro;

IV - estimular a criação, a consolidação e a difusão dos produtos e destinos turísticos brasileiros, com vistas em atrair turistas nacionais e estrangeiros, diversificando os fluxos entre as unidades da Federação e buscando beneficiar, especialmente, as regiões de menor nível de desenvolvimento econômico e social;

V - propiciar o suporte a programas estratégicos de captação e apoio à realização de feiras e exposições de negócios, viagens de incentivo, congressos e eventos nacionais e internacionais;

VI - promover, descentralizar e regionalizar o turismo, estimulando Estados, Distrito Federal e Municípios a planejar, em seus territórios, as atividades turísticas de forma sustentável e segura, inclusive entre si, com o envolvimento e a efetiva participação das comunidades receptoras nos benefícios advindos da atividade econômica;

VII - criar e implantar empreendimentos destinados às atividades de expressão cultural, de animação turística, entretenimento e lazer e de outros atrativos com capacidade de retenção e prolongamento do tempo de permanência dos turistas nas localidades;

VIII - propiciar a prática de turismo sustentável nas áreas naturais, promovendo a atividade como veículo de educação e interpretação ambiental e incentivando a adoção de condutas e práticas de mínimo impacto compatíveis com a conservação do meio ambiente natural;

IX - preservar a identidade cultural das comunidades e populações tradicionais eventualmente afetadas pela atividade turística;

X - prevenir e combater as atividades turísticas relacionadas aos abusos de natureza sexual e outras que afetem a dignidade humana, respeitadas as competências dos diversos órgãos governamentais envolvidos;

XI - desenvolver, ordenar e promover os diversos segmentos turísticos;

XII - implementar o inventário do patrimônio turístico nacional, atualizando-o regularmente;

XIII - propiciar os recursos necessários para investimentos e aproveitamento do espaço turístico nacional de forma a permitir a ampliação, a diversificação, a modernização e a segurança dos equipamentos e serviços turísticos, adequando-os às preferências da demanda, e, também, às características ambientais e socioeconômicas regionais existentes;

XIV - aumentar e diversificar linhas de financiamentos para empreendimentos turísticos e para o desenvolvimento das pequenas e microempresas do setor pelos bancos e agências de desenvolvimento oficiais;

XV - contribuir para o alcance de política tributária justa e equânime, nas esferas federal, estadual, distrital e municipal, para as diversas entidades componentes da cadeia produtiva do turismo;

XVI - promover a integração do setor privado como agente complementar de financiamento em infra-estrutura e serviços públicos necessários ao desenvolvimento turístico;

XVII - propiciar a competitividade do setor por meio da melhoria da qualidade, eficiência e segurança na prestação dos serviços, da busca da originalidade e do aumento da produtividade dos agentes públicos e empreendedores turísticos privados;

XVIII - estabelecer padrões e normas de qualidade, eficiência e segurança na prestação de serviços por parte dos operadores, empreendimentos e equipamentos turísticos;

XIX - promover a formação, o aperfeiçoamento, a qualificação e a capacitação de recursos humanos para a área do turismo, bem como a implementação de políticas que viabilizem a colocação profissional no mercado de trabalho; e

XX - implementar a produção, a sistematização e o intercâmbio de dados estatísticos e informações relativas às atividades e aos empreendimentos turísticos instalados no País, integrando as universidades e os institutos de pesquisa públicos e privados na análise desses dados, na busca da melhoria da qualidade e credibilidade dos relatórios estatísticos sobre o setor turístico brasileiro.

Parágrafo único. Quando se tratar de unidades de conservação, o turismo será desenvolvido em consonância com seus objetivos de criação e com o disposto no plano de manejo da unidade. (BRASIL, 2008)

15.8 Turismo sustentável

É preciso, sobretudo, que o turismo seja sustentável, o que engloba a proteção do meio ambiente, a viabilidade econômica e a justiça social. O debate sobre turismo sustentável surgiu nos anos 1990, depois da publicação, em 1987, do Relatório Brundtland (documento intitulado Nosso Futuro Comum). Elaborado pela Comissão Mundial sobre o Meio Ambiente da Organização das Nações Unidas, o Relatório propõe o desenvolvimento sustentável, definindo-o como aquele que "procura atender às necessidades e aspirações do presente sem comprometer a possibilidade de atendê-las no futuro" (ONU, 1991).

Verifica-se que a CRFB/88 adota a diretriz do desenvolvimento sustentável aplicada ao meio ambiente, ao expressar, no *caput* do artigo 225, que se impõe ao Poder Público e à coletividade o dever de defender e preservar o meio ambiente para gerações presentes e futuras. Assim, também a Lei nº 11.771/08 reafirma essa diretriz em seus dispositivos:

Art. 3º (...)

Parágrafo único. O poder público atuará, mediante apoio técnico, logístico e financeiro, na consolidação do turismo como importante fator de desenvolvimento sustentável, de distribuição de renda, de geração de emprego e da conservação do patrimônio natural, cultural e turístico brasileiro. (...)

Art. 5º A Política Nacional de Turismo tem por objetivos: (...)

VIII - propiciar a prática de turismo sustentável nas áreas naturais, promovendo a atividade como veículo de educação e interpretação ambiental e incentivando a adoção de condutas e práticas de mínimo impacto compatíveis com a conservação do meio ambiente natural;

Estando o turismo vinculado também ao meio ambiente, deve a política de turismo se preocupar com os potenciais impactos do turismo, seja ele cultural, ecoturismo ou turismo de negócio, nos ambientes natural, cultural e humano. O turismo natural encoraja o uso produtivo das terras cobertas por vegetação natural, mas condicionando o turismo à sua preservação. O turismo cultural intensifica a autoestima da comunidade local e oferece a oportunidade de uma maior compreensão e comunicação entre os povos de formações diversas.

Entretanto, na zona rural, o turismo pode causar impacto na composição de espécies de fauna e flora, poluição, erosão do solo, e causar impacto visual com edificações. Na zona urbana, pode modificar as características da área construída devido à expansão urbana, causar excesso de infraestrutura com a construção de novas rodovias, fazer surgir novos estilos arquitetônicos, e provocar danos aos imóveis devido ao trânsito intenso, à poluição e à trepidação do solo.

Turismo sustentável significa turismo economicamente viável, que não destrói os recursos dos quais o turismo no futuro dependerá, principalmente o meio ambiente físico e o tecido social da comunidade local.

Na Conferência Globo 90, em Vancouver, foi compilada uma lista dos benefícios do turismo sustentável, na qual destacamos:
- turismo sustentável estimula uma compreensão dos impactos do turismo nos ambientes natural, cultural e humano;
- assegura uma distribuição justa de benefícios e custos;
- gera empregos locais, tanto diretos quanto indiretos;
- estimula indústrias domésticas lucrativas, e diversifica a economia local e o transporte local;
- gera entrada de divisas para o país (DIAS, 2004).

Para alcance desses objetivos, impõe-se a necessidade de legislação específica e de um sistema de planejamento de uso do solo. Estas medidas evitam práticas incorretas, mas paralelamente é preciso estimular práticas corretas, despertar a consciência do turista e da indústria de turismo e, sobretudo, estar sempre vigilante, para manter um equilíbrio entre a conservação e desenvolvimento.

15.9 Proteção internacional dos bens culturais

A destruição ou mutilação de bens culturais constitui um empobrecimento nefasto para todos os povos. Via de regra, a proteção nacional é incompleta, e o patrimônio natural e o cultural apresentam um interesse excepcional, devendo ser preservados como patrimônio cultural da humanidade inteira.

No plano internacional, os bens culturais estão protegidos pela Convenção sobre a Proteção do Patrimônio Mundial Cultural e Natural, aprovada pela Conferência Geral da UNESCO, principal órgão internacional de guarda do patrimônio cultural, em sua décima sétima reunião, em Paris, em 16 de novembro de 1972. O Brasil aderiu à Convenção em 12 de dezembro de 1977, pelo Decreto nº 80.978.

Para os fins da Convenção, são considerados patrimônio cultural:
- monumentos: obras arquitetônicas, de escultura e pintura ou de pintura monumentais, elementos ou estruturas de natureza arqueológica, inscrições, cavernas e grupos de elementos, que tenham um valor universal excepcional do ponto de vista da história, da arte ou da ciência;
- conjuntos: grupos de construções isoladas ou reunidas que, em virtude de sua arquitetura, unidade ou integração na paisagem, tenham um valor universal excepcional do ponto de vista da história, da arte ou da ciência;
- lugares notáveis: obras do homem ou obras conjugadas do homem e da natureza, bem como as zonas, inclusive lugares arqueológicos, que tenham valor universal excepcional do ponto de vista histórico, estético, etnológico ou antropológico (BRASIL, 1977).

São considerados bens naturais pela Convenção:
- os monumentos naturais constituídos por formações físicas e biológicas ou por grupos de tais formações, que tenham valor universal excepcional do ponto de vista estético ou científico;
- as formações geológicas e fisiográficas e as áreas nitidamente delimitadas que constituam o hábitat de espécies animais e vegetais ameaçadas e que tenham valor universal excepcional do ponto de vista da ciência ou da conservação;
- os lugares notáveis naturais ou as zonas nitidamente delimitadas, que tenham valor universal excepcional do ponto de vista da ciência, da conservação ou da beleza natural (BRASIL, 1977).

O Estado signatário da Convenção deve fazer um inventário de seus bens culturais, e propor a sua inscrição na lista de patrimônio mundial. A proposta será avaliada por um Comitê do Patrimônio Mundial, composto por quinze membros-partes da Convenção, eleitos em Assembleia Geral. As reuniões do Comitê são assistidas pelo Centro Internacional de Estudos para a Conservação e Restauração dos Bens Culturais (Centro de Roma), que tem direito a voto consultivo. A decisão final cabe ao Comitê.

A Convenção determina, ainda, que deve ser atualizada e divulgada uma lista dos bens em perigo.

Ressalte-se que a inscrição do bem como patrimônio mundial não se confunde com o tombamento, que é ato de soberania nacional.

A Convenção criou um Fundo para a Proteção do Patrimônio Mundial, Cultural e Natural, formado por contribuições obrigatórias e voluntárias dos Estados integrantes e quem mais queira contribuir.

Estão inscritos na lista de patrimônio da humanidade os seguintes bens brasileiros:

- Conjunto arquitetônico e urbanístico de Outro Preto - MG (1980);
- Conjunto arquitetônico, paisagístico e urbanístico de Olinda - PE (1982);
- Ruínas da igreja de São Miguel das Missões - RS (1983);
- Conjunto Arquitetônico e Urbanístico de Salvador - BA e Santuário de Bom Jesus de Matosinhos,em Congonhas - MG (1985);
- Parque Nacional do Iguaçu - PR (1986);
- Conjunto arquitetônico, urbanístico e paisagístico de Brasília - DF (1987);
- Parque Nacional da Serra da Capivara - PI (1991);
- Conjunto arquitetônico e urbanístico do centro histórico de São Luís - MA (1997);
- Reservas da Mata Atlântica do sudeste - PR e SP (1999);
- Centro histórico de Diamantina - MG (1999);
- Mata Atlântica - Reservas do Sudeste - SP e PR (1999);
- Costa do Descobrimento - Reservas da Mata Atlântica - BA e ES (1999);
- Complexo de Áreas Protegidas da Amazônia Central (2000);
- Parque Nacional do Jaú - AM (2000);
- Área de conservação do Pantanal - MT e MS (2000);

CAPÍTULO 15
PATRIMÔNIO CULTURAL | 195

- Ilhas Atlânticas brasileiras: Parque Nacional de Fernando de Noronha - PE e Reserva Biológica do Atol das Rocas - RN (2001);
- Áreas protegidas do cerrado. Parque Nacional dos Veadeiros e das Emas - GO (2001);
- Centro histórico da cidade de Goiás - GO (2001);
- Praça de São Francisco, na cidade de São Cristóvão - SE (2010) (UNESCO, s/d).

REFERÊNCIAS

AGRELLI, Vanusa Murta. Nota técnica em defesa do veto ao Projeto de Lei. *OABRJ Digital*. Comissão de Direito Ambiental da OAB/RJ, 7 maio 2012. Disponível em: <http://www.oabrj.org.br/detalheConteudo/217/Nota-tecnica-em-defesa-do-veto-ao-Projeto-de-Lei.html>. Acesso em: 29 maio 2012.

AQUINO, Yara. ONG entrega abaixo-assinado por veto total ao Código Florestal. *EXAME. com*, 24 maio 2012. Disponível em: <http://exame.abril.com.br/economia/meio-ambiente-e-energia/noticias/ong-entrega-abaixo-assinado-por-veto-total-ao-codigo-florestal>. Acesso em: 28 maio 2012.

ARQUIVO da Liga de Prevenção da Crueldade contra o Animal. Entidade registrada no Cartório Jero Oliva, BH, nº de ordem 59.324, livro A, 20 dez. 1983.

ATHIAS, Jorge Alex Nunes. Responsabilidade civil e meio ambiente: breve panorama do direito brasileiro. *In*: BENJAMIN, Antônio Hermann V. (Coord.). *Dano ambiental*: prevenção, reparação e repressão. São Paulo: Revista dos Tribunais, 1993.

BENJAMIN, Antônio Herman V. *Direito ambiental das áreas protegidas*. São Paulo: Forense Universitária, 1998.

BARBOSA, Vanessa. As imagens do movimento "Veta, Dilma" que ganharam as redes sociais. *EXAME.com*, 24 maio 2012. Disponível em: <http://exame.abril.com.br/economia/meio-ambiente-e-energia/album-de-fotos/as-imagens-do-movimento-veta-dilma-que-ganhou-as-redes-sociais>. Acesso em: 28 maio 2012.

BRASIL. Câmara dos Deputados. Parecer do relator Deputado Federal Aldo Rebelo (PCdoB-SP) ao Projeto de Lei nº 1876/99 e apensados, 8 jun. 2010. Disponível em: <http://www.camara.gov.br/sileg/integras/777725.pdf>. Acesso em: 11 dez. 2011.

BRASIL. Câmara dos Deputados. Projetos de leis e outras proposições. PL 1.876/99. Dispõe sobre Áreas de Preservação Permanente, Reserva Legal, exploração florestal e dá outras providências. Disponível em: <http://www.camara.gov.br/proposicoesWeb/fichadetramitacao?idProposicao=17338>. Acesso em: 29 maio 2012.

BRASIL. Câmara dos Deputados. Redação Final do Projeto de Lei nº 1.876-E, de 1999. Brasília, Sala das Sessões, 25 abr. 2012. Disponível em: <http://www.camara.gov.br/proposicoesWeb/prop_mostrarintegra;jsessionid=D04506C898C9F6D9382106745D25 2D12.node2?codteor=987261&filename=Tramitacao-PL+1876/1999>. Acesso em: 29 maio 2012.

BRASIL. Constituição (1988). *Constituição da República Federativa do Brasil*, 1988. Disponível em: <http://www.planalto.gov.br/ccivil_03/constituicao/constitui%C3%A7ao.htm>. Acesso em: 28 maio 2012.

BRASIL. Decreto nº 24.643, de 10 de julho de 1934. Decreta o Código de Águas. Disponível em: <http://www.planalto.gov.br/ccivil_03/decreto/d24643.htm>. Acesso em: 16 ago. 2011.

BRASIL. Decreto nº 7.381, de 02 de dezembro de 2010. Regulamenta a Lei nº11.771, de 17 de setembro de 2008. Dispõe sobre a Política Nacional de Turismo, define as atribuições do Governo Federal no planejamento, desenvolvimento e estímulo ao setor turístico, e dá outras providências. Disponível em: <http://www.planalto.gov.br/ccivil_03/_Ato2007-2010/2010/Decreto/D7381.htm>. Acesso em: 15 jun. 2011.

BRASIL. Decreto nº 76.623, de 17 de novembro de 1975. Promulga a Convenção sobre Comércio Internacional das Espécies da Flora e Fauna Selvagens em Perigo de Extinção. Disponível em: <http://www.planalto.gov.br/ccivil_03/decreto/Antigos/D76623.htm>. Acesso em: 26 maio 2011.

BRASIL. Decreto nº 80.978, de 12 de dezembro de 1977. Promulga a Convenção Relativa a Proteção do Patrimônio Mundial, Cultural e Natural, de 1972. MinC/CJ. Disponível em: <http://www.cultura.gov.br/site/wp-content/uploads/2007/10/decreto-80978.pdf>. Acesso em: 15 jun. 2011.

BRASIL. Decreto nº 99.556, de 1º de outubro de 1990. Dispõe sobre a proteção das cavidades naturais subterrâneas existentes no território nacional, e dá outras providências. Disponível em: <http://www.mpambiental.org/?acao=legislacao-pop&cod=221>. Acesso em: 14 jun. 2011.

BRASIL. Decreto-Lei nº 25, de 30 de novembro de 1937. Organiza a proteção do patrimônio histórico e artístico nacional. Disponível em: <http://www.planalto.gov.br/ccivil/Decreto-Lei/Del0025.htm>. Acesso em: 14 jun. 2011.

BRASIL. Lei Complementar nº 140, de 8 de dezembro de 2011. Fixa normas, nos termos dos incisos III, VI e VII do *caput* e do parágrafo único do art. 23 da Constituição Federal, para a cooperação entre a União, os Estados, o Distrito Federal e os Municípios nas ações administrativas decorrentes do exercício da competência comum relativas à proteção das paisagens naturais notáveis, à proteção do meio ambiente, ao combate à poluição em qualquer de suas formas e à preservação das florestas, da fauna e da flora; e altera a Lei nº 6.938, de 31 de agosto de 1981. Disponível em: <http://www.planalto.gov.br/ccivil_03/leis/LCP/Lcp140.htm>. Acesso em: 21 dez. 2011.

BRASIL. Lei nº 10.406, de 10 de janeiro de 2002. Institui o Código Civil. Disponível em: <http://www.planalto.gov.br/ccivil_03/Leis/2002/L10406.htm>. Acesso em: 26 maio 2011.

BRASIL. Lei nº 11.105, de 24 de março de 2005. Regulamenta os incisos II, IV e V do §1º do art. 225 da Constituição Federal, estabelece normas de segurança e mecanismos de fiscalização de atividades que envolvam Organismos Geneticamente Modificados – OGM e seus derivados, cria o Conselho Nacional de Biossegurança – CNBS, reestrutura a Comissão Técnica Nacional de Biossegurança – CTNBio. Dispõe sobre a Política Nacional de Biossegurança – PNB, revoga a Lei nº 8.974, de 5 de janeiro de 1995, e a Medida Provisória nº 2.191-9, de 23 de agosto de 2001, e os arts. 5º, 6º, 7º, 8º, 9º, 10 e 16 da Lei nº 10.814, de 15 de dezembro de 2003, e dá outras providências. Disponível em: <http://www.planalto.gov.br/ccivil_03/_Ato2004-2006/2005/lei/L11105.htm>. Acesso em: 26 maio 2011.

BRASIL. Lei nº 11.284, de 02 de março de 2006. Dispõe sobre a gestão de florestas públicas para a produção sustentável; institui, na estrutura do Ministério do Meio Ambiente, o Serviço Florestal Brasileiro – SFB; cria o Fundo Nacional de Desenvolvimento Florestal - FNDF; altera as Leis nºs 10.683, de 28 de maio de 2003, 5.868, de 12 de dezembro de 1972, 9.605, de 12 de fevereiro de 1998, 4.771, de 15 de setembro de 1965, 6.938, de 31 de agosto de 1981, e 6.015, de 31 de dezembro de 1973; e dá outras providências. Disponível em: <http://www.planalto.gov.br/ccivil_03/_ato2004-2006/2006/lei/l11284.htm>. Acesso em: 06 jun. 2011.

REFERÊNCIAS | 199

BRASIL. Lei nº 11.428, de 22 de dezembro de 2006. Dispõe sobre a utilização e proteção da vegetação nativa do Bioma Mata Atlântica, e dá outras providências. Disponível em: <http://www.planalto.gov.br/ccivil_03/_ato2004-2006/2006/lei/l11428.htm>. Acesso em: 10 maio 2011.

BRASIL. Lei nº 11.428, de 22 de dezembro de 2006. Dispõe sobre a utilização e proteção da vegetação nativa do Bioma Mata Atlântica, e dá outras providências. Disponível em: <http://www.planalto.gov.br/ccivil_03/_ato2004-2006/2006/lei/l11428.htm>. Acesso em: 15 ago. 2011.

BRASIL. Lei nº 11.771, de 17 de setembro de 2008. Dispõe sobre a Política Nacional de Turismo, define as atribuições do Governo Federal no planejamento, desenvolvimento e estímulo ao setor turístico; revoga a Lei nº 6.505, de 13 de dezembro de 1977, o Decreto-Lei nº 2.294, de 21 de novembro de 1986, e dispositivos da Lei nº8.181, de 28 de março de 1991; e dá outras providências. Disponível em: <http://www.planalto.gov.br/ccivil_03/_ato2007-2010/2008/lei/l11771.htm>. Acesso em: 15 jun. 2011.

BRASIL. Lei nº 11.794, de 08 de outubro de 2008. Regulamenta o inciso VII do §1º do art. 225 da Constituição Federal, estabelecendo procedimentos para o uso científico de animais; revoga a Lei nº 6.638, de 8 de maio de 1979; e dá outras providências. Disponível em: <http://www.planalto.gov.br/ccivil_03/_ato2007-2010/2008/lei/l11794.htm>. Acesso em: 26 maio 2011.

BRASIL. Lei nº 12.305, de 02 de agosto de 2010. Institui a Política Nacional de Resíduos Sólidos; altera a Lei nº 9.605, de 12 de fevereiro de 1998; e dá outras providências. Disponível em: <http://www.planalto.gov.br/ccivil_03/_ato2007-2010/2010/lei/l12305.htm>. Acesso em: 14 jun. 2011.

BRASIL. Lei nº 12.305, de 02 de agosto de 2010. Institui a Política Nacional de Resíduos Sólidos; altera a Lei nº 9.605, de 12 de fevereiro de 1998; e dá outras providências. Disponível em: <http://www.planalto.gov.br/ccivil_03/_ato2007-2010/2010/lei/l12305.htm>. Acesso em: 26 maio 2011.

BRASIL. Lei nº 12.651, de 25 de maio de 2012. Dispõe sobre a proteção da vegetação nativa; altera as Leis nºs 6.938, de 31 de agosto de 1981, 9.393, de 19 de dezembro de 1996, e 11.428, de 22 de dezembro de 2006; revoga as Leis nºs 4.771, de 15 de setembro de 1965, e 7.754, de 14 de abril de 1989, e a Medida Provisória nº 2.166-67, de 24 de agosto de 2001; e dá outras providências. Disponível em: <http://www.planalto.gov.br/ccivil_03/_Ato2011-2014/2012/Lei/L12651.htm>. Acesso em: 28 maio 2012.

BRASIL. Lei nº 3.924, de 26 de julho de 1961. Dispõe sôbre os monumentos arqueológicos e pré-históricos. Disponível em: <http://www.planalto.gov.br/ccivil_03/Leis/1950-1969/L3924.htm>. Acesso em: 14 jun. 2011.

BRASIL. Lei nº 4.771, de 15 de setembro de 1965. Institui o novo Código Florestal. Disponível em: <http://www.planalto.gov.br/ccivil_03/LEIS/L4771.htm>. Acesso em: 28 maio 2012.

BRASIL. Lei nº 6.453, de 17 de outubro de 1977. Dispõe sobre a responsabilidade civil por danos nucleares e a responsabilidade criminal por atos relacionados com atividades nucleares e dá outras providências. Disponível em: <http://www.planalto.gov.br/ccivil_03/Leis/L6453.htm>. Acesso em: 23 maio 2011.

BRASIL. Lei nº 6.513, de 20 de dezembro de 1977. Dispõe sobre a criação de Áreas Especiais e de Locais de Interesse Turístico; sobre o Inventário com finalidades turísticas dos bens de valor cultural e natural; acrescenta inciso ao art. 2º da Lei nº 4.132, de 10 de setembro de 1962; altera a redação e acrescenta dispositivo à Lei nº 4.717, de 29 de junho de 1965;

e dá outras providências. Disponível em: <http://www.planalto.gov.br/ccivil_03/Leis/L6513.htm>. Acesso em: 14 jun. 2011.

BRASIL. Lei nº 6.938, de 31 de agosto de 1981. Dispõe sobre a Política Nacional do Meio Ambiente, seus fins e mecanismos de formulação e aplicação, e dá outras providências. Disponível em: <http://www.planalto.gov.br/ccivil_03/Leis/L6938.htm>. Acesso em: 16 maio 2011.

BRASIL. Lei nº 601, de 18 de setembro de 1850. Dispõe sobre as terras devolutas do Império. Disponível em: <http://www.planalto.gov.br/ccivil_03/Leis/L0601-1850.htm>. Acesso em: 16 ago. 2011.

BRASIL. Lei nº 8.078, de 11 de setembro de 1990. Dispõe sobre a proteção do consumidor e dá outras providências. Disponível em: <http://www.planalto.gov.br/ccivil_03/Leis/L8078.htm>. Acesso em: 08 jun. 2011.

BRASIL. Lei nº 8.666, de 21 de junho de 1993. Regulamenta o art. 37, inciso XXI, da Constituição Federal, institui normas para licitações e contratos da Administração Pública e dá outras providências. Disponível em: <http://www.planalto.gov.br/ccivil_03/Leis/L8666cons.htm>. Acesso em: 08 jun. 2011.

BRASIL. Lei nº 9.433, de 08 de janeiro de 1997. Institui a Política Nacional de Recursos Hídricos, cria o Sistema Nacional de Gerenciamento de Recursos Hídricos, regulamenta o inciso XIX do art. 21 da Constituição Federal, e altera o art. 1º da Lei nº 8.001, de 13 de março de 1990, que modificou a Lei nº 7.990, de 28 de dezembro de 1989. Disponível em: <http://www.planalto.gov.br/ccivil_03/Leis/L9433.htm>. Acesso em: 05 jul. 2011.

BRASIL. Lei nº 9.605, de 12 de fevereiro de 1998. Dispõe sobre as sanções penais e administrativas derivadas de condutas e atividades lesivas ao meio ambiente, e dá outras providências. Disponível em: <http://www.planalto.gov.br/ccivil_03/Leis/L9605.htm>. Acesso em: 23 maio 2011.

BRASIL. Lei nº 9.795, de 27 de abril de 1999. Dispõe sobre a educação ambiental, institui a Política Nacional de Educação Ambiental e dá outras providências. Disponível em: <http://www.planalto.gov.br/ccivil_03/Leis/L9795.htm>. Acesso em: 10 maio 2011.

BRASIL. Lei nº 9.985, de 18 de julho de 2000. Regulamenta o art. 225, § 1º, incisos I, II, III e VII da Constituição Federal, institui o Sistema Nacional de Unidades de Conservação da Natureza e dá outras providências. Disponível em: <http://www.planalto.gov.br/ccivil_03/Leis/L9985.htm>. Acesso em: 31 maio 2011.

BRASIL. Medida Provisória nº 2.166-67, de 24 de agosto de 2001. Altera os arts. 1º, 4º, 14, 15 e 44, e acresce dispositivos à Lei nº 4.771, de 15 de setembro de 1965, que institui o Código Florestal, bem como altera o art. 10 da Lei nº 9.393, de 19 de dezembro de 1996, que dispõe sobre o Imposto sobre a Propriedade Territorial Rural – ITR, e dá outras providências. Disponível em: <http://www.planalto.gov.br/ccivil_03/MPV/2166-67.htm#art1>. Acesso em: 15 ago. 2011.

BRASIL. Medida Provisória nº 571, de 25 de maio de 2012. Altera a Lei nº 12.651, de 25 de maio de 2012, que dispõe sobre a proteção da vegetação nativa; altera as Leis nºs 6.938, de 31 de agosto de 1981, 9.393, de 19 de dezembro de 1996, e 11.428, de 22 de dezembro de 2006; revoga as Leis nºs 4.771, de 15 de setembro de 1965, e 7.754, de 14 de abril de 1989, e a Medida Provisória nº 2.166-67, de 24 de agosto de 2001. *DOU*, 25 maio 2012. Disponível em: <http://www.planalto.gov.br/ccivil_03/_Ato2011-2014/2012/Mpv/571.htm>. Acesso em: 28 maio 2012.

REFERÊNCIAS | 201

BRASIL. Ministério das Relações Exteriores. Decreto nº 911, de 03 de setembro de 1993. Promulga a Convenção de Viena sobre Responsabilidade Civil por Danos Nucleares, de 21.5.1963. Disponível em: <http://www2.mre.gov.br/dai/danosnucleares.htm>. Acesso em: 25 maio 2011.

BRASIL. Ministério do Interior. Portaria ministerial nº 053/1979/MINTER. Determina que os projetos específicos de tratamento e disposição de resíduos sólidos, ficam sujeitos à aprovação do órgão estadual competente. Disponível em: <http://www.mp.sc.gov.br/portal/site/portal/portal_lista.asp?campo=784>. Acesso em: 14 jun. 2011.

BRASIL. Ministério do Meio Ambiente. *Agenda 21 brasileira*: ações prioritárias. Disponível em: <http://www.mma.gov.br/estruturas/agenda21/_arquivos/acoes2edicao.zip>. Acesso em: 09 mar. 2011.

BRASIL. Ministério do Meio Ambiente. *Agricultura Sustentável*: subsídios à elaboração da Agenda 21 brasileira. Brasília, 2000.

BRASIL. Ministério do Meio Ambiente. *Cidades Sustentáveis*: subsídios à elaboração da Agenda 21 brasileira. Brasília, 2000.

BRASIL. Ministério do Meio Ambiente. *Ciência e Tecnologia para Desenvolvimento Sustentável*: subsídios à elaboração da Agenda 21 brasileira. Brasília, 2000.

BRASIL. Ministério do Meio Ambiente. Comissão de Políticas de Desenvolvimento Sustentável e da Agenda 21 nacional. *Agenda 21 brasileira*: bases para discussão. Brasília, 2000.

BRASIL. Ministério do Meio Ambiente. Comissão de Políticas de Desenvolvimento Sustentável e da Agenda 21 nacional. *Agenda 21 brasileira*: bases para discussão. Brasília: MMA/PNUD, 2000.

BRASIL. Ministério do Meio Ambiente. CONAMA. Resolução CONAMA nº 13/1990, de 06 de dezembro de 1990. Dispõe sobre normas referentes às atividades desenvolvidas no entorno das Unidades de Conservação. Disponível em: <http://www.mma.gov.br/port/conama/legiabre.cfm?codlegi=110>. Acesso em: 31 maio 2011.

BRASIL. Ministério do Meio Ambiente. CONAMA. Resolução CONAMA nº 23/1996, de 12 de dezembro de 1996. Dispõe sobre as definições e o tratamento a ser dado aos resíduos perigosos, conforme as normas adotadas pela Convenção da Basiléia sobre o controle de Movimentos Transfronteiriços de Resíduos perigosos e seu Depósito. Disponível em: <http://www.mma.gov.br/port/conama/res/res96/res2396.html>. Acesso em: 15 ago. 2011.

BRASIL. Ministério do Meio Ambiente. CONAMA. Resolução CONAMA nº 289/2001, de 25 de outubro de 2001. Estabelece diretrizes para o Licenciamento Ambiental de Projetos de Assentamentos de Reforma Agrária. Disponível em: <http://www.mma.gov.br/port/conama/res/res01/res28901.doc>. Acesso em: 1º jun. 2011.

BRASIL. Ministério do Meio Ambiente. CONAMA. Resolução CONAMA nº 005/1993, de 05 de agosto de 1993. Disponível em: <http://www.mma.gov.br/port/conama/res/res93/res0593.html>. Acesso em: 14 jun. 2011.

BRASIL. Ministério do Meio Ambiente. CONAMA. Resolução CONAMA nº 307/2002, de 05 de julho de 2002. Estabelece diretrizes, critérios e procedimentos para a gestão dos resíduos da construção civil. Disponível em: <http://www.mma.gov.br/port/conama/res/res02/res30702.html>. Acesso em: 14 jun. 2011.

BRASIL. Ministério do Meio Ambiente. CONAMA. Resolução CONAMA nº 313/2002, de 29 de outubro de 2002. Dispõe sobre o Inventário Nacional de Resíduos Sólidos Industriais. Disponível em: <http://www.mma.gov.br/port/conama/res/res02/res31302. html>. Acesso em: 14 jun. 2011.

BRASIL. Ministério do Meio Ambiente. CONAMA. Resolução CONAMA nº 358/2005, de 29 de abril de 2005. Dispõe sobre o tratamento e a disposição final dos resíduos dos serviços de saúde e dá outras providências. Disponível em: <http://www.mma.gov.br/port/conama/res/res05/res35805.pdf>. Acesso em: 14 jun. 2011.

BRASIL. Ministério do Meio Ambiente. CONAMA. Resolução CONAMA nº 369/2006, de 28 de março de 2006. Dispõe sobre os casos excepcionais, de utilidade pública, interesse social ou baixo impacto ambiental, que possibilitam a intervenção ou supressão de vegetação em Área de Preservação Permanente-APP. Disponível em: <http://www.mma.gov.br/port/conama/res/res06/res36906.xml>. Acesso em: 14 jun. 2011.

BRASIL. Ministério do Meio Ambiente. CONAMA. Resolução CONAMA nº 404/2008, de 11 de novembro de 2008. Estabelece critérios e diretrizes para o licenciamento ambiental de aterro sanitário de pequeno porte de resíduos sólidos urbanos. Disponível em: <http://www.mma.gov.br/port/conama/legiabre.cfm?codlegi=592>. Acesso em: 14 jun. 2011.

BRASIL. Ministério do Meio Ambiente. CONAMA. Resolução CONAMA nº 237/1997, de 19 de dezembro de 1997. Disponível em: <http://www.mma.gov.br/port/conama/res/res97/res23797.html>. Acesso em: 16 maio 2011.

BRASIL. Ministério do Meio Ambiente. *Infra-estrutura e integração regional*: subsídios à elaboração da Agenda 21 brasileira. Brasília, 2000.

BRASIL. Ministério do Meio Ambiente. *Redução das desigualdades sociais*: subsídios à elaboração da Agenda 21 brasileira. Brasília, 2000.

BRASIL. Presidência da República. Retificação da Medida Provisória nº 571, de 25 de maio de 2012. *DOU*, 29 maio 2012. Disponível em: <http://www.planalto.gov.br/ccivil_03/_Ato2011-2014/2012/Ret/MPv571-2012-ret.doc>. Acesso em: 30 maio 2012.

COMISSÃO MUNDIAL SOBRE MEIO AMBIENTE E DESENVOLVIMENTO – CMMAD. *Nosso futuro comum*. Rio de Janeiro: FGV, 1991.

DIAS, Edna Cardozo. *Manual de direito ambiental*. Belo Horizonte: Mandamentos, 2003.

DIAS, Edna Cardozo. Patrimônio cultural. *Jus Navigandi*, Teresina, ano 9, n. 417, 28 ago. 2004. Disponível em: <http://jus.uol.com.br/revista/texto/5605>. Acesso em: 15 jun. 2011.

DIAS, Edna Cardozo. *Tutela jurídica dos animais*. Belo Horizonte: Mandamentos, 2000.

DINIZ, Arthur J. Almeida. *Novos paradigmas em direito internacional público*. Porto Alegre: Sergio Antonio Fabris, 1995.

ECODESENVOLVIMENTO.ORG. Disponível em: <http://www.ecodesenvolvimento. org.br/>. Acesso em: 15 jun. 2011.

FIORILLO, Celso Antonio Pacheco. *Curso de direito ambiental*. 11. ed. São Paulo: Saraiva, 2010.

FREITAS, Wladimir Passos de. *A Constituição Federal e a efetividade das normas ambientais*. São Paulo: Revista dos Tribunais, 2001.

FREITAS, Wladimir Passos de; FREITAS, Gilberto Passos de. *Crimes contra a natureza*. 8. ed. São Paulo: Revista dos Tribunais, 2005.

REFERÊNCIAS | 203

FSC Brasil. Conselho Brasileiro de Manejo Florestal. *Os 10 princípios e critérios*. Disponível em: <http://www.fsc.org.br/index.cfm?fuseaction=conteudo&IDsecao=172>. Acesso em: 09 jun. 2011.

GORDILHO, Heron José Santana de. *Abolicionismo animal*. Salvador: Editora Evolução, 2009.

INSTITUTO BRASILEIRO DE GEOGRAFIA E ESTATÍSTICA – IBGE. *Manual Técnico da Vegetação Brasileira*. Rio de Janeiro: IBGE, 1992. (Série Manuais Técnicos em Geociências, n. 1). Disponível em: <http://biblioteca.ibge.gov.br/visualizacao/monografias/GEBIS%20-%20RJ/ManuaisdeGeociencias/Manual%20Tecnico%20da%20Vegetacao%20Brasileira%20n.1.pdf>. Acesso em: 15 ago. 2011.

INSTITUTO BRASILEIRO DO MEIO AMBIENTE E DOS RECURSOS NATURAIS RENOVÁVEIS – IBAMA. Lei nº 5.197, de 03 de janeiro de 1967. Dispõe sobre a proteção à fauna e dá outras providências. Disponível em: <http://www.planalto.gov.br/ccivil_03/Leis/L5197.htm>. Acesso em: 26 maio 2011.

INSTITUTO BRASILEIRO DO MEIO AMBIENTE E DOS RECURSOS NATURAIS RENOVÁVEIS – IBAMA. Portaria nº 102, de 15 de julho de 1998. Disponível em: <http://www.ibama.gov.br/fauna/legislacao/port_102_98.pdf>. Acesso em: 26 maio 2011.

INSTITUTO BRASILEIRO DO MEIO AMBIENTE E DOS RECURSOS NATURAIS RENOVÁVEIS – IBAMA. Portaria nº 108, de 06 de outubro de 1994. Disponível em: <http://www.ibama.gov.br/fauna/legislacao/port_108_94.pdf>. Acesso em: 26 maio 2011.

INSTITUTO BRASILEIRO DO MEIO AMBIENTE E DOS RECURSOS NATURAIS RENOVÁVEIS – IBAMA. Portaria nº 139-N, de 29 de dezembro de 1993. Disponível em: <http://www.ibama.gov.br/fauna/legislacao/port_139_93.pdf>. Acesso em: 26 maio 2011.

INSTITUTO BRASILEIRO DO MEIO AMBIENTE E DOS RECURSOS NATURAIS RENOVÁVEIS – IBAMA. Portaria nº 16, de 04 de março de 1994. Disponível em: <http://www.ibama.gov.br/fauna/legislacao/port_16_94.pdf>. Acesso em: 26 maio 2011.

INSTITUTO BRASILEIRO DO MEIO AMBIENTE E DOS RECURSOS NATURAIS RENOVÁVEIS – IBAMA. Portaria nº 29, de 24 de março de 1994, do IBAMA. Disponível em: <http://www.cnpma.embrapa.br/biocontrol/legislacao/portaria.29.html>. Acesso em: 26 maio 2011.

INSTITUTO BRASILEIRO DO MEIO AMBIENTE E DOS RECURSOS NATURAIS RENOVÁVEIS – IBAMA. Portaria nº 93, de 07 de julho de 1998. Disponível em: <http://www.ibama.gov.br/fauna/legislacao/port_93_98.pdf>. Acesso em: 26 maio 2011.

INSTITUTO BRASILEIRO DO MEIO AMBIENTE E DOS RECURSOS NATURAIS RENOVÁVEIS – IBAMA. Roteiro Metodológico de Planejamento: Parque Nacional, Reserva Biológica, Estação Ecológica. Brasília: IBAMA, 2002.

KÜNG, Hans. *Projeto de ética mundial*: uma moral ecumênica em vista da sobrevivência humana. São Paulo: Edições Paulinas, 1993.

LANNA, Antonio Eduardo. A inserção da gestão das águas na gestão ambiental. Brasília: ANEEL, SIH; MMA, SRH; MME, 1999. Disponível em: <http://www.iph.ufrgs.br/posgrad/disciplinas/hip78/1.pdf>. Acesso em: 05 jul. 2011.

LIMA, André (Org.). *Aspectos jurídicos da Proteção da Mata Atlântica*. São Paulo: Instituto Socioambiental, 2001.

MACHADO, Paulo Affonso Leme. *Direito ambiental brasileiro*. 7. ed. São Paulo: Malheiros, 1994.

MAZZUOLI, Valério de Oliveira (Org.). *Coletânea de direito internacional*: Constituição Federal. 5. ed. rev. ampl. e atual. São Paulo: Revista dos Tribunais, 2007.

MEDAUAR, Odete. *Coletânea de direito ambiental federal*. 5. ed. São Paulo: Revista dos Tribunais, 2006.

MILARÉ, Édis. *Direito do ambiente*. 7. ed. São Paulo: Revista dos Tribunais, 2011.

OLIVEIRA, João Carlos Costa; BARBOSA, José Henrique Cerqueira. *Roteiro para criação de unidades de conservação municipais*. Brasília, DF: Ministério do Meio Ambiente, 2010. Disponível em: <http://www.bocaina.org.br/images/BOCAINA/mma_roteirocriacaoucsmunicipais_jan2011.pdf>. Acesso em: 31 maio 2011.

ORGANIZAÇÃO DAS NAÇÕES UNIDAS – ONU. *Carta de Declaração sobre o ambiente humano*. Declaração firmada por ocasião da Conferência das Nações Unidas, Estocolmo, Suécia, 5-15 de junho de 1972. Disponível em: <http://openlink.br.inter.net/jctyll/1904.htm>. Acesso em: 15 ago. 2011.

ORGANIZAÇÃO DAS NAÇÕES UNIDAS – ONU. Comissão Mundial sobre o Meio Ambiente. *Nosso futuro comum*. 2. ed. Rio de Janeiro: FGV, 1991. Disponível em: <http://pt.scribd.com/doc/12906958/Relatorio-Brundtland-Nosso-Futuro-Comum-Em-Portugues> Acesso em: 15 jun. 2011.

REAGAN, Tom. *The case for Animal Rights*. Berkeley: University of California Press, 2004.

ROGERS, Dale S.; TIBBEN-LEMBKE, Ronald S. *Going Backwards*: Reverse Logistics Trends and Practices. Reno: Reverse Logistics Executive Council, 1998. Disponível em: <http://www.rlec.org/reverse.pdf>. Acesso em: 07 jun. 2011.

SILVA, José Antônio Aleixo da. Grupo de Trabalho da SBPC e ABC repudia aprovação do novo Código Florestal. SBPC, 27 abr. 2012. Disponível em: <http://www.sbpcnet.org.br/site/codigoflorestal/aprovacao.php>. Acesso em: 28 maio 2012.

SOCIEDADE BRASILEIRA PARA O PROGRESSO DA CIÊNCIA – SBPC; ACADEMIA BRASILEIRA DE CIÊNCIA – ABC. Carta aberta da Sociedade Brasileira para o Progresso da Ciência (SBPC) e da Academia Brasileira de Ciências (ABC). SBPC, 27 fev. 2012. Disponível em: <http://www.sbpcnet.org.br/site/arquivos/carta_aberta.pdf>. Acesso em: 28 maio 2012.

SOCIEDADE BRASILEIRA PARA O PROGRESSO DA CIÊNCIA – SBPC; ACADEMIA BRASILEIRA DE CIÊNCIA – ABC. *O Código Florestal e a ciência*: contribuições para o diálogo. São Paulo: SBPC, 2011. Disponível em: <http://www.sbpcnet.org.br/site/arquivos/codigo_florestal_e_a_ciencia.pdf>. Acesso em: 28 maio 2012.

ORGANIZAÇÃO DAS NAÇÕES UNIDAS PARA A EDUCAÇÃO, A CIÊNCIA E A CULTURA – UNESCO. Declaração Universal dos Direitos dos Animais. Disponível em: <http://www.propq.ufscar.br/comissoes-de-etica/comissao-de-etica-na-experimentacao-animal/direitos>. Acesso em: 24 maio 2011.

UNITED NATIONS ENVIRONMENT PROGRAMME – UNEP. *Declaration of the United Nations Conference on the Human Environment*, Stockholm, 16 June 1972. Disponível em: <http://www.unep.org/Documents.Multilingual/Default.asp?documentid=97&articleid=1503>. Acesso em: 11 maio 2011.

VIANA, Gilney. Agenda 21 brasileira. Ambiente Brasil. Disponível em: <http://ambientes.ambientebrasil.com.br/gestao/agenda_21/agenda_21_brasileira.html>. Acesso em: 09 jun. 2011.

WEBER, Demétrio; DAMÉ, Luiza; CÂMARA, Juliana. Governo volta atrás em mudança do código. *O Globo*, 29 maio 2012, Caderno O País, p. 12.

WIKIPÉDIA. Agente laranja. Disponível em: <http://pt.wikipedia.org/wiki/Agente_laranja>. Acesso em: 10 maio 2011.

Esta obra foi composta em fonte Palatino Linotype, corpo 10
e impressa em papel Offset 75g (miolo) e Supremo 250g (capa)
pela Lasr Plus Gráfica.
Belo Horizonte/MG, abril de 2013.